De Watertuin

SF roman door

Freddy Van Schil

ISBN:978-1-7948-5015-6

Proloog

Na het smelten van de ijskappen , werd de aarde onder - gedompeld in miserie. Door een kleine aarde as verschuiving veranderde overal de seizoenen, wat niet hielp om de mensen gelukkig te maken. Vrienden hebben voor zichzelf een flat - gebouw gekocht midden de ondergelopen Hoboken potpolder , die ze inrichten als groenten kweek paradijs. Jaloezie van sommige buurten brengt heel wat spanning in het waterhuis. Zware bedreigingen van verschillende groepen die graag het voedsel gratis willen verkrijgen, maken het leven ongemakkelijk in het huis.

Een agente van de DSU (groep Diane) wordt door hen van het straat geraapt. Zij is op zoek naar haar man en haar dochter die verdwenen zijn sinds de dijkbreuk aan de zee .

Met een toevallige ontdekking, komt ze het adres van haar man te weten, die raar maar waar in dezelfde gemeente woont.

Haar echtgenoot waant zich een soort God Father , die door zijn criminele zaken met bedreigingen een hele wijk in de gemeente heeft toegeëigend.

De weigering van de man dat zij hun dochter nooit niet meer mag zien, doen bij haar de stoppen doorslagen. In Hoboken wordt het probleem door haar en de ex man op een heel gewelddadige manier opgelost.

Toog praat

Patrick Vermeulen stond naar zijn boezemvrienden te luisteren die zoals altijd tijdens het nuttigen van een biertje in café Surenborg de wereld gingen verbeteren.

'Komaan mannen, jullie geloven teveel naar wat ze vertellen in de krant en op TV' Rik nipte even aan zijn glas Palmbier: 'voor mij is de opwarming van de aarde een zalig gegeven.

Al enkele jaren hebben we hier vanaf April tot eind Oktober een prachtige zomer, met Provence temperaturen. En volgens de weerman zal het zeker nog 40 à 50 jaar duren alvorens we van de opwarming wat zullen merken.'

'Rik!' Patrick zette een beetje geïrriteerd door zo'n naïviteit zijn glas witte wijn op de toog:' geloof me vriend, ze vertellen ons zeker en vast niet alles om paniek te voorkomen.

Ze maken er zich vanaf met een kustlijn die zal opschuiven naar het binnenland. Gemakshalve vergeten ze even alle stromen en rivieren die ook zullen overlopen, of gaan ze de ganse Scheldeloop met metershoge kaaimuren van aan de monding tot in Frankrijk verhogen. Zeewater stopt niet aan de kust, dat hebben de Nederlandse Delta werken bewezen.'

'Toch leuk, dan moet ik 100km minder ver naar de zee rijden.'

'Juist makker. Gelukkig reken je alle bewoners die zullen moeten verhuizen, en alle vruchtbare poldergrond die verloren zal gaan niet mee.'

' Ja zeg, niet iedereen is zo slim als jij. Voor mij is het prima.'
Hij hief zijn leeg glas op naar de barman.

' Vul eens bij a u b, en geef die armoezaaiers ook wat.'
' Ooit Rik zal je met weemoed naar deze tijd terugdenken.
En ooit komt misschien sneller dan we denken. Hoe dunner
het ijs , des te sneller het smelt.'

Het appartementsblok

Kim Claes lag te genieten in de whirlpool die in een hoek van
een met tralies omheind terras stond opgesteld. Haar blanke
huid glom van de etherische oliën die ze had bijgevoegd.
Ze hoorde het zachte geluid naderen die de rubberen banden
van de elektrische invalidewagen maakten .
Met een zucht bedacht ze dat haar redder eigenlijk een
sukkelaar was , een technisch genie maar wel zonder benen.
'Kan ik naderen ? '
'Kom maar Patrick, ik ging alle weken naar de sauna en ben
mannen blikken wel gewoon .Toch bedankt dat je het vroeg .'
Patrick stopte voor de kuip en keek bewonderend naar het
bijna perfecte naakte lichaam. Ze verhief zich waardoor haar
borsten boven het water uitkwamen, om hem dan zonder
schaamte aan te kijken. Water vermengd met glanzende olie
druppelde van haar stevige vrouwelijke borsten .
'Patrick ! Heb je het gezien? Voorbij Antwerpen is het aan't
weerlichten , de natte tijd komt eraan."
' Juist, en wat ik ook zie is dat je zo goed als hersteld bent.
Je bent ook wat bijgekomen, en dat op slechts enkele dagen.'
Even stopte hij met praten en bekeek het litteken dat juist
boven haar venusheuvel over haar buik liep.

' of mag ik zoiets niet tegen een vrouw zeggen?'

Ze had zijn blik wel gezien en dacht even na of hij een direct antwoord verwachtte.

' Ik ben wel blij dat je me nog een vrouw noemt, 't is wel eens anders geweest. Toch bedankt dat je me hier toeliet. En dit litteken is van een keizersnede.'

Kim moest even adem halen om haar emotie onder controle te krijgen.

'Anna, ze was gelukkig bij haar papa toen alles instortte door de dijkbreuk. Ik ben opzoek naar hen, ze wonen op droog land.'

Ze keek naar het landschap dat glansde van het water.

Met haar arm maakte ze een weids gebaar over de omtrek.

' Hoe in godsnaam ben je op dit gedacht gekomen? Een appartement midden in een verzopen land.'

De ramp

Zoals Patrick voorspeld had steeg het waterpeil aanzienlijker sneller dan het grote publiek had verwacht. Alle dagen werden er droevige berichten uitgezonden. Over eilanden en kuststroken die voorgoed onder het zeewater verdwenen. Waarbij de gewone natuurrampen overal bleven bestaan, met rampzalige gevolgen voor mens en dier.

Het werd zo erg dat zelfs de nieuwsuitzendingen op TV en radio niet meer konden volgen, en nog enkel de ergste feiten opnoemden.

Door het verdwijnen van de ijskappen verplaatste de aarde

zijn eeuwenoud evenwicht, waardoor er plots overal ter wereld licht veranderde seizoenen ontstonden.

Verhuizingen drongen zich op aan de bewoners. Helaas kwam de ongeschreven wet van ik eerst, en dan de anderen snel terug.

Mensen werden eerst overal minzaam ontvangen, tot de klagers de overhand kregen en om bescherming vroegen tegen al die nieuwe vreemdelingen.

De verjaagden moeten ook eten en hebben behoefte aan werk , maar er was niet voldoende van alles.

In België waren de zo vruchtbare poldervlakten verdwenen onder meters zilt water. Zelfs de kleinste beek in 't binnenland geraakte tijdens het regenseizoen moeiteloos buiten haar oevers waardoor er overal potpolders ontstonden.

Men trachtte het water weg te pompen , wat een duel tegen de zee bleek te zijn. Bij iedere vloed stroomde het water opnieuw de lager gelegen grond op, waardoor veel gemeenten het maar opgaven om hun krachten te meten tegen de natuur.

Ook in Hoboken bij Antwerpen was dat zo.

De eerste overstroming van de polderstad waren ze gemakkelijk de baas geweest, tot de volgende hoge tij de ganse oude potpolder geheel vulde. Alle bewoners moesten vlug hun woonst verlaten om naar het hoger gelegen deel van het dorp te vluchtten.

Na een jaar bleek het hoge Scheldepeil bijna hoger te zijn dan de dijk, waardoor leegpompen een hopeloze taak werd.

Van de meeste laagbouwwoningen stak slechts hier en daar een schoorsteen boven het brakke water uit, gewone huizen liepen tot het zolder onder.

Zelfs de appartementsblokken die met hun zes verdiepingen boven het water uitstaken waren het slachtoffer geworden van het binnenstromend geweld.

Ze waren gebouwd op het oud vuilstort waar Antwerpen en omstreken voor de verkaveling 50 jaar lang hun afval achterlieten.

Nu doordrongen met water had het sluimerend methaangas zich gemanifesteerd in wilde explosies waardoor er nu nog slechts één gebouw redelijk intact was gebleven.

Patrick had het alle dagen vanuit zijn appartement verderop het dorp in zien gebeuren, en was geschokt door de regelrechte ramp.

Heel zijn zo geliefd dorp werd gestraft door de nonchalante van de regering.

'Micha' zei hij tegen zijn Afrikaanse vrouw, die slechts gekleed in een string bij kaarslicht aan de huisbar zat.

'Verdorie schat wat gebeurt er nu met die mensen? Verdomme.

En zeggen dat ik het hun voorspeld heb, die klote egotrippers in de regering wilden zelfs niet luisteren.

Hé profke wat weet jij nu meer van de wereld problemen dan alle regeringen. Het komt goed profke, we zullen niemand laten verdrinken.'

Even moest hij ademhalen om zijn woede te laten zakken .

'Natuurlijk in Brussel zal niemand verzuipen, klootzakken. Hopelijk krijgen ze ooit lik stuk op .

' Bambi waar maak je nu druk om ? Wij wonen toch droog.

' Toch wil ik hier weg , ik moet mijn gsm kunnen opladen.'
Even kon hij niet volgen, tot Patrick bemerkte dat er nergens in de keuken een lampje brandde.

' Zo meneer wordt wakker. De maatschappij heeft op de hoek van de Fodderiestraat de elektrische stroomcabine afgesloten , ze willen geen explosie veroorzaken zoals in de polderstad is gebeurt met al die ondergelopen kelders en garages. Maar ja het genie behoeft geen aankondigingen te lezen ,'t is maar reclame hé. En op je vraag van deze morgen is het neen, ik wil hier geen vreemden in huis , zelfs die knappe vriend van jou niet.'

Met een nagemaakte lach wees ze naar de slaapkamer.

'Alhoewel ik die zijn borstel wel eens wil inbrengen.'
Geschokt door haar uitspraak moest hij even gaan zitten.

'Micha toch! Stel dat wij daar woonden, zou jij niet graag hulp krijgen?'
Ze keek hem aan met ogen die niet veel goeds voorspelden.

' Mafkees ! Denk je nu echt dat jij de wereld kan helpen, je kan jezelf nog niet eens redden in bed , slapjanus.'
Hij bekeek zijn vrouw die eigenlijk buiten haar wat te groot achterste niet moest onderdoen voor Naomi Campbell.

Droevig, niet instaat haar vuilspuiterij af te wenden, liet hij zijn hoofd hangen.

'Als je hier zo'n natte kloot binnen haalt, kan je jezelf aftrekken. Ik ben dan zo weg.'

'Vrouw wat heb ik jou misdaan dat je zo reageert? '

' Niks lul. Je kan de pot op. Ik wil een normaal leven en geen zonder stroom.'

Verbijsterd aanhoorde Patrick zijn vrouw .

' Als je u dan toch zo betrokken voelt met de klote wereld , ga er dan bijwonen. Er staat nog één blok recht , hé midden in de zee . Is dat niet wat je wou ? '

Zonder woorden verliet hij even later zijn woning, droevig gestemd hoe het toch kan verlopen. Op weg naar zijn notaris krioelden de gedachten door elkaar. Niet instaat om een echte oplossing te vinden voor zijn gedachten stond hij even later aan de deur bij Notaris de Corte.

Die keek na zijn uitleg met droevige ogen naar Patrick.

' Wat een beetje water kan veroorzaken Mr Vermeulen . Ik heb ook zo mijn dipje. Mijn zoon woont, excuseer woonde ook in de polderstad.'

'Daar kom ik voor. Ik schenk in bruikleen mijn appartement aan een behoeftige familie, en neen 't is van mij alleen . Ik ga nu scheiden van mijn vrouw, ik laat haar niks na buiten mijn haat.

Het zij zo, ze wou de sterkste zijn. Eén van mijn drie appartementen op de bist wil ik verkopen, en met dat geld de laatste woonblok in de polder overkopen. Hopelijk zijn de gevluchte eigenaars daartoe bereidt. '

De Corte moest even slikken, voor zoiets was een erg niet doen advies nodig:' Mr Vermeulen , is dat wel slim ?'

' Ja, op de droge grond is teveel geweld ontstaan. Ik wil rustig kunnen slapen.'

Daarmee stond hij op straat zodra een familie zijn woonst wou.

Thuis gekomen schudde Patrick met zijn hoofd alsof hij alle zaken die nu dringend nodig waren, moest klasseren. Van Micha en haar kleding was geen spoor meer te zien.

'Goed , dat is dan al opgelost zonder moord.'

Hij opende zijn huis PC, waarna hij Facebook installeerde.

< Gezocht! Mensen die zich geroepen voelen om samen met mij een eigen plaats te maken , buiten alle bemoeienissen van iedereen . Er moet wel veel werk verzet worden. En het zal waarschijnlijk na een tijd gevaarlijk worden. Ze zullen jaloers op ons voedsel zijn. >

Het duurde slechts een uur om de eerste reacties te lezen die binnenkwamen.

Van < Ik zend je Gods hulp, tot moet ik je ook pijpen om wat eten? Kreeg hij de eerste dagen de meeste gekke dingen gemaild, tot een kleine mail hem deed twijfelen.>

< Dag Meneer, wij zijn leden van Het Be. Overlevingsteam.

Wat bedoel je met , je moet er voor werken? Grt Beo. >

Hij schreef terug: < Dat er een woning was die moest worden aangepast , maar een soort burcht zou worden na alle werk. Een plaats om te overleven nu er zoveel geweld in 't straat verscheen.

De Politie moest dagelijks tussenkomen bij burenruzies en het steeds oplopend straatgeweld. De grootste oorzaak was voedsel verkrijgen. >

Hij maakte voor de volgende dag een afspraak met Beo.

'En zo is het begonnen' zei Patrick tegen Kim.

Hij reed weg van het terras met de woorden dat de anderen

snel zouden weerkeren, en hij nog voor een maaltijd moest zorgen.

'Wacht ik kom helpen, lang genoeg geluierd. Dan kan je me de rest vertellen.'

Ze zette de bubbels af en sprong uit de kuip, snel was ze afgedroogd en deed de roze klaarliggende jogging aan.

'Niet mijn kleur had ze gezegd.'

' Ondergoed kan je alle dagen wassen' antwoordde Myrthe toen: 'kledij moet je maar wat langer dragen, van een vlekje ga je niet dood. Zaterdag is het wasdag, meer kunnen we niet waarmaken. We gaan straks het dorp in, we zullen eens zien wat we voor je kunnen meebrengen.'

Kim volgde Patrick de woonst in die omgebouwd was als een loft.

Muren tussen de naast liggende vroegere woningen waren doorbroken waar kon.

Ze moest grinniken om de worsten die op de keukentafel klaar lagen om gebakken te worden.

' Hahaha drie dagen hier, drie dagen worst . Gelukkig lust ik dat wel.'

'Tja meisje, we zijn zelf voorziend en beefstuk maken kunnen we niet. Maar het is vlees, en we eten wel regelmatig gekocht vlees .

Dat je de maaltijden nog weet wil al wat zeggen, voor de rest was je buiten westen.'

' Maak je geen zorgen Patrick, ik ben al heel blij met jullie hulp' ze aarzelde even :' alleen Myrthe doet nogal stroef tegen mij heb ik haar gekwetst?'

' Wacht ik zal je ons verhaal binnen verder vertellen.'

Hij reed de woning in , op de voet gevolgd door Kim.

Terwijl hij het woonblok binnen reed, wees hij op de verschillende kamers .

' Hier zijn enkele slaapplaatsen en hier de keuken.'

De enorme keuken verbaasde haar, ze was gewoon neergepoot waar ooit een living was geweest en stond nokvol met kasten en bruikbaar materiaal. Een batterij koelkasten en diepvriezers deed haar even staan blijven.

'Ahha : 't ja het zijn meer vriezers dan koelers , kwestie dat we onze oogst kunnen opbergen. Zoals onze kookvuren er voor gas en elektrisch zijn. In de winter is dat handig als de zon het aflaat weten en we niet teveel gasflessen moeten aansleuren in de zomer.'

Een meters lange tafel sneed de plaats letterlijk in twee.

' Ook nuttig bij feestjes 'zei ze.

' Dat is handwerk van Bert , die houdt van veel volk aan tafel Alhoewel we slechts met zes zijn . Dus, er kan er altijd eentje komen aanschuiven.'

Patrick reed naar het volgend vertrek. Een traphal was alles wat herinnerde aan gescheiden woningen.

' De hoofdingang .' verduidelijkte hij.

De ex tussenmuur was met hout afgewerkt waar nu allerlei hebben dinges aanhingen.

'De vrouwen hun werk , ze kunnen niet zonder rommel aan de muren.'

Ze keek in de diepte waar water zachtjes klotste tegen de trap en muren

'Zie onze leefruimte.'

Waar mogelijk waren alle muren van de woonst weggebroken. De enige getuigen van gescheiden vertrekken waren de betonnen zuilen, allen netjes bekleed met hout, en vol gehangen met wat de meisjes als leuk bestempelden.

Een living buiten maat vol met zithoeken, was wat Kim aanschouwde.

Overal lagen tapijten waarop gescheiden zithoeken stonden, enkele met een groot tv scherm aan de muur.

Een andere met muziek hoek waaruit op aangenaam niveau nu de stem van Tom Jones klonk.

Ze ontwaarde een volledige muur aan het eind van de leefruimte, wat ze bestemde als de originele scheiding naar het volgend appartement. Twee nieuwe deuren waarvan een glazen haar vertelde dat haar gedachten juist waren, doorbraken het geheel. Ze bemerkte enkele Tv schermen achter het glas.

' Onze controle kamer, waarvan we ons hotelleke kunnen bewaken. Zelfs infrarood camera's helpen ons rustig te slapen.'

Een grote Mahonie kleurige kast stond aan het schuifraam van het terras.

'Ons wapenarsenaal ' verduidelijkte Patrick: 'daar achter begint het voedselparadijs.

' Voilà ons hokje tegen de regen. Zet je, en luister naar wat ervoor gebeurde.'

De ontmoeting

De dag na de bevestiging dat Beo zou langskomen, hoorde hij gelach in de gang beneden, en wist dat zijn bezoekers er aankwamen.

' Halo Meneer Vermeulen. Beo is hier, mogen we naar boven komen?'

Patrick leunde over de trapleuning en keek drie verdiepingen naar beneden, waar hij mensen zag staan .

' Kom maar , 't is op drie.'

Vlotte stappen verrieden dat het nog tamelijk jonge mensen moesten zijn die de trap opliepen.

De eerste die verscheen was een stevig gebouwde jonge vrouw. Gekleed in een blauwe overallbroek met bavet straalde de blonde vrouw waarvan het haar als stekels alle kanten uitwees, vertrouwen uit . Blauwe ogen keken hem zonder schroom aan. Ze nam zijn uitgestoken hand stevig vast.

' Myrthe De Boer. En dat is onze familienaam ' lachte ze: 'leuke bel. Goed gevonden.'

Op het briefje aan de voordeur stond : **Hier drukken en dan roepen** .

Myrthe wees naar de man die volgde :' Onze Bert.'

De jongeman was minstens een hoofd groter dan hij , waarbij zijn armen een indruk maakten dat ze uit boomstammen gemaakt waren.

De handdruk bevestigde Patje zijn vermoeden, deze mensen wisten van aanpakken.

' Caro komt zo , ze laat onze hond Bass nog even uit.'

' Kom binnen , maak het jullie gemakkelijk.'

Myrthe keek rond in de flat en knikte :' Hier heerst een Afrikaanse over het geheel.'

' Amaai, goed ingeschat. Maar 't is, was. Ik heb ze onlangs buitengesmeten. Mag ik jullie wat te drinken aanbieden terwijl we wachten ? '

Niet veel later riep iemand < Bert > beneden in de hal.

Patrick riep terug dat ze maar moest komen. Waarna een dof gerommel als eerste de hond aankondigde. Een immens grote bullebak stormde de living in, die Patrick als een bedreiging zag staan. In de Bouvier zijn muil kon je een groot konijn verstoppen waardoor Patrick stokstijf bleef staan.

' Ssst Bass , koest . Die meneer is een vriend. Leg je.'

Gehoorzaam maar nog steeds waakzaam vleide het dier zich op het hoogpolig tapijt. Even later verscheen nummer drie in de deuropening. Ze liep als een kat die op muizen jaagt naar hem toe.

Haar zachte stem maakte het tegenovergestelde geluid dan van Myrthe. Ook zij stak hem haar hand toe die warm en zacht aanvoelde. Over schoonheid valt te twisten, maar Patrick vond ze mooier dan Micha. 'En dat wil al wat zeggen' dacht hij

' Ik heet Caroline. Goede morgen meneer. Wat heb je ons te vertellen?'

Die directe aanpak verraste hem even. Om zich te herstellen bood hij vlug wat te drinken aan.

Ook Caroline keek nieuwsgierig de living rond, ze trok haar schouders op wat hij als waardeloze rommel opnam.

' Wel mensen het gaat om overleven, voorlopig toch tot alle dwaasheid uit het straat verdwenen is.

Mijn ex madam heeft me een waanzinnig project aangepraat vooraleer ze de deur achter zich sloot. Na wat nadenken en een flink pak rammel op straat in ruil voor mijn boodschappen, heb ik toch het licht gezien en wil me wat verderop in het verdronken land settelen. Ik heb het appartementsblok al geruild voor die van mij, en hoop wat geld over te houden om te verbouwen. Kom, volg me en geef me je gedacht, wel eerlijk aub.'

Ze volgden hem naar het terras waarvandaan ze een panoramisch zicht op de ganse omgeving hadden.

'Minstens zo erg als bij ons ' Bert bekeek de volgelopen omgeving: ' kan je even vertellen wat we normaal moesten zien? '

Patrick kwam naast hem staan: ' Ginder waar die rij bomen staan was de weg van Kruibeke naar de Antwerpse ring, nu is het galgenweel uitgebreid zover je kan zien. Langs hier komt de oude Scheldedijk nooit meer boven water., zo hoog staat het water. Dat kan je ook zien aan de spoorlijn Antwerpen-Brussel, soms zie je de beide sporen even onder water liggen. En ginds, de stad Antwerpen. Die zijn er even slecht vanaf gekomen. Zoveel water dat zelfs de ring onderstaat, de koekenstad is opnieuw omringt door waterwallen.

Helaas ook veel straten hebben hun deel ontvangen.'

De vier keken droevig naar het gigantisch wateroppervlak.

Bert snoof hard zijn neus :' Das klote . Wij zijn vanuit Puurs naar Vlaanderen verhuist om een bio boerderij op te starten, nu kan je daar zwemmen.'

Hij snoof opnieuw zijn neus op : 'Klote wereld.'

Patrick redde hem van zijn negatieve gedachten: 'En die appartementen zijn mijn doel .'

Het was plotseling stil rondom hem, ze liepen naar binnen waar het toch wat warmer was.

'Vree wijs is dat niet meneer. Hoe had je dat willen aanpakken?' Caroline keek hem met toegeknepen ogen aan.

Patrick wist nu met wie hij rekening moest houden, een blonde maar met een flitsend verstand schoot hem te binnen.

'Caroline, gewoon alles uitbreken en binnentuinen van maken. Oké je gaat nu naar de benodigde grond vragen, antwoord watercultuur , niet het lekkerst maar doenbaar.

Het moeilijkste is om genoeg batterijen te verzamelen om de stroom van de zonnepanelen op te slaan. Die staan er gelukkig wel op want alle energie is afgesloten , ook het gas en drinkwater.

Er is wel water genoeg rondom en simpel te zuiveren.

Het grote voordeel is het water rond het blok. Je kan erheen zwemmen of bootje varen, het eerste is gevaarlijk met alle troep die er nog steeds ronddrijft en niet echt zichtbaar is.

En het klein paradijs bewaken kan simpel door de traphallen te dichten, de lift heeft het opgegeven.'

Bert was aan 't nadenken over de geboden mogelijkheid.

' Inderdaad veel werk, als we meedoen behoeven we wel wat volk. Werkvolk, dat dan aan de grote klok gaat hangen dat er hier voedsel te verkrijgen is.'

' We zullen toch moeten verhandelen Bert, niet alles is te

kweken in waterbakken, dat heb ik opgezocht. We zullen ook wat moeten kopen.'

' Laat dat kweken maar aan ons over Patrick' Myrthe mengde zich in 't gesprek:' daar zijn we goed in. Trouwens een aardappel kan je ook in een emmer kweken.'

Patrick voelde een lichte euforie opkomen, ze waren al aan't bedenken hoe het moest gebeuren, zo snel had hij het niet verwacht.

< Toch rustig aan doen Patje > de gedachte dat het mogelijk kon gemaakt worden liet hem niet meer los < laat ze het van je overnemen, dat is de veiligste weg. >

Hij wou naar de keuken gaan, waardoor de hond zich met ontblote tanden oprichtte.

' Ho maar, rustig Bass . Wij moeten wel vrienden worden.'

Voorzichtig ging hij tot het dier, zette zich op zijn knieën om zijn hand voor de muil te houden.

' Kom eens hier grote sloeber, je moet geen angst hebben ik eet geen hond. Nog niet en hopelijk heb je dat niet verstaan.'

Alsof dat het teken was besnuffelde Bass zijn hand en gaf er een lik op.

'Je hebt er een vriend bij Bass' Caroline streelde zacht de gekrulde pels van het dier , waarna ze Patrick aankeek.

' Wel ? En wat nu ?'

'Ik heb enkele vrienden die me vroeger uitlachten, en nu willen helpen afbreken en opbouwen wat nodig is. Ook al vinden ze het waanzin om zo iets te doen. De ganse planning heb ik al uitgewerkt, samen met het nodige materiaal.

Dat was het simpelste voor mij als bouwtechnisch ingenieur.

Ik ben gewoon naar een sla-kweker gereden om zijn installatie te bekijken en heb van alles foto's genomen, of hoe simpel kan het zijn.'

De plannen en het benodigde materiaal werd besproken waarna de beslissing door de Beo werd genomen.

'Oké we doen het, als het mislukt hebben we het toch geprobeerd'

Bert richtte zich op :' iemand moet het voorbeeld geven.'

' Een kleine vraag' Caroline ging eveneens rechtstaan:' heb je eten in huis , en kunnen we blijven slapen? Dan beginnen we er morgenvroeg al aan. Niet nodig om naar huis te rijden , er is toch niks meer te beleven.'

Heden

'Daarna was het werken geblazen' Patrick roerde in de wortelsoep en proefde even, om dan nog wat zout toe te voegen.

'Voilà dit is eetbaar. Kim ik was het meest verbaast dat alles zo snel ging, geen twee maand later woonden en kweekten we hier al groenten. Bert ruimde de woningen op zijn manier leeg, wat niet als brandstof gebruikt kon worden smeet hij gewoon de traphallen in met daarboven het puin. Alles opgevuld tot het eerst bruikbaar verdiep, slechts de middelste traphal hebben we opengelaten als enige toegang.'

Patrick kon een lach niet verstoppen:' je moet maar eens kijken hoeveel rotzooi in een hal ligt , daar komt nog geen kikker door zonder lawaai te maken.'

'Patrick is het witloof zo goed gesneden ? Sorry vriend maar ik ben geen echte kookprinses, alhoewel ik bijna nooit een uitzending van de Muis oversloeg.'

'Meer dan goed meisje , en de Jeroen zal heel blij zijn dat je hem een muis noemt. Maar noem me maar Patje zoals al mijn vrienden doen.'

Een glimlach deed Kim hem even aankijken.

'Weet je Kim! We waren aan 't afbreken toen plots de Rik hier verscheen met een zes meter lange één meter brede polyesterbak, met de vraag of we zoiets konden gebruiken.

Wel ik heb Beo nooit zo gelukkig gezien , ze vroegen hoeveel hij er kon brengen, meer dan ideaal zei Myrthe.'

Patje kon zijn lach niet meer inhouden en begon meer dan luid te lachen, wat door Kim een beetje als storend ontvangen werd.

' Je moest eens gezien hebben hoe hij dat ding in onze eerste roeiboot naar hier bracht, gelukkig hebben we wij nu een degelijke zodiac en enkele jets-ski's , dan vergeet ik de kano's en de twee motorsloepen nog.'

Hij luisterde even naar een naderend geluid, en knikte tevreden.

'Ze komen. En nu staan de verdiepingen vol met die bakken waarin onze groentjes lustig groeien.'

Ze gingen naar het zuid terras om naar de naderende vrienden te kijken.

' Er klopt iets niet, de laatste sloep wordt getrokken. '

Patrick nam de Zeis verrekijker uit de zijtas van zijn rolstoel.

' Dat is dikke zever. Monica ontbreekt. Verdomme wat is er nu weer verkeert gegaan?'

Een knal galmde over het water, geschrokken keek hij naar de oever van het dorp waar er een groep mensen stond.

Een twee schot deed hem de verrekijker op hen richten.

'Verdomme daar staat een gek op onze mensen te vuren. Kim! In de living staat een oude kleerkast , haal daar eens een geweer uit.'

Ze wou nog wat vragen, maar een volgend schot deed haar naar binnenlopen.

De kast stond juist aan de ingang, ze opende de beide deuren en keek verwonderd naar al de vuurwapens die daar inlagen.

Zonder aarzelen greep ze de X-Bolt Browning met telescoop uit het rak , om het vlug aan Patje te geven.

Ze zag dat het wapen vanuit zijn rolstoel een beetje onhandig te bedienen was en greep het terug vast.

' Kom geef dat ding , ik kan dat hanteren.'

Ze nam de lader eruit , klopte er even met tegen de reling en stak het geheel weer in het wapen.

Kim legde licht gebogen met gespreide benen de loop op de reling van de terrasomheining, en keek door de telescoop naar het groepje mensen.

'Daar staan scooters en brommers , wat een bende . Ah daar staat meneer met zijn wapen. Mmmm hij heeft het opgegeven, maar ik niet.'

Patrick hoorde hoe ze haar ademhaling controleerde waarna een knal het schot verried.

Hij zag hoe de zware punt 50 een scooter raakte en omviel.

Als een troep gestoorde horzels vlogen de berijders naar hun vervoer toe om zo snel mogelijk achter de volgende hoek te verdwijnen.

'Goed schot Kim, ze zijn de ijskelderstraat ingevlucht, de helden.'

' Slecht schot, ik mikte op de gewapende, het wapen moet beter afgesteld worden. Maar nu ga ik eerst helpen.'

Ze gaf hem de Browning met de woorden , poetsen , en liep even later de trappen af waar de anderen reeds vloekend aan het werk waren.

Het lichaam van Monica werd bijna zonder moeite door Bert de trap opgedragen.

Myrthe knikte haar toe: ' Kom , we gaan leeg maken.'

' Neen ! Eerst het slachtoffer verzorgen '

Bovengekomen hoorden ze Monica kreunen.

' Mag ik weten wat er gebeurt is ? '

Kim keek de anderen aan die haast woedend naast de gewonde vrouw stonden.

'Die gekken trachten ons alles af te nemen. Ze schoten eerst in de lucht waarna we bedreigd werden met vuurwapens, ze namen enkel de voeding af, al de rest was rommel zei de leider.

Monica wou reclameren, daarom schoot die zot haar neer.

Ik dacht eerst dat Bass het doelwit was. Gelukkig is het een eerste klas schutter met een singelshot long rifle, hij raakte niks meer toen we al op terugweg waren.'

Even moest Rik op adem komen.

' Schieten ze onze enige verpleegster omver ! Wat nu?'

Kim ruimde snel de eettafel af.

'Leg haar op de tafel en zoek een verbandkist , kom ze heeft al genoeg bloed verloren.'

Kim wierp een tafellaken op de tafel, waarop ze de vrouw neerlegden.

'Monica het gaat wat pijn doen, het kogeltje zit nog in je schouder. Ik denk niet dat er iets is om je te verdoven, zodus op je tanden bijten girl, hier steek die handdoek maar tussen je tanden.'

Kim gaf haar een propere vaatdoek die ze dankbaar aannam.

' Doe maar voor het begint te zweren , alvast bedankt.'

'Heren hou haar eens liefdevol maar stevig vast, ik ga wat koteren.'

Met het medisch pincet duurde het niet lang om het Long Rifle projectiel uit de wonde te halen, toch lang genoeg om Monica bewusteloos te maken.

'Het lichaam beschermd zichzelf' zei Myrthe :' dank je wel Kim. Trouwens Patje , knap schot , ze waren snel weg.'

' Dat is niet mijn verdienste , Kim heeft gevuurd.'

Allen keken haar aan, ze wist dat er nu vragen kwamen. Misschien wel teveel, meer dan ze wou vertellen. Daarom nam ze het woord.

' 't Ja natuurlijk, buiten dat je me uitgehongerd op straat gevonden hebt weten jullie niets van mij.

Kim Claes om je te dienen , agente van beroep, gebuisd voor DSU. 98% punten voor doelschieten, 0% voor vuren op mensen. Was actief bij de kustpolitie als instructrice.

Hier aanbeland na zoektocht naar mijn dochter, score ook 0 tot nu toe. Ze was veilig bij haar vader, die verdwenen is met haar naar het binnenland. Geen afscheidsbrief noch telefoon.'

Een fijne glimlach bij Patrick vertelde haar dat hij het mislukt geweerschot niet als fout bestempelde, de scooter was haar doel geweest.

' Ook niet leuk' Monica die terug bij bewustzijn was keek haar glimlachend aan: ' dank je dokter het voelt al fijner aan. Ik moet niet vragen waar je dat geleert hebt, EHBO cursus of zo.'

Kim was gelukkig met de onderbreking .

' Hahaha ! Nee gezien in een western met John Wayne, normaal moest ik er nog Whisky opkappen en aansteken. Wel zonde van de drank. En om je vraag te beantwoorden , ja. Een vereiste als je flik bent bij de DSU. Herinner je nog alles, dan ben je niet in shock.'

' Jawel nogmaals bedankt, dat wil zeggen dat ik nooit meer Bass meeneem maar ook nooit meer ongewapend aan land ga. We hebben genoeg oorlogstuig in huis. Trouwens waarom zit die daar te zielentogen ?'

De hond probeerde klagend aan zijn oor te krabben, wat niet echt lukte.

Kim ging er naar toe en onderzocht het oor..

'Zo Bass , je was toch een doelwit. Proficiat, je hebt een keurig klein gaatje in je oor , goed voor een oorbel of medaille.'

Ze knipte het haar weg en verzorgde de wond.

' Leg Monica in bed , ze moet rusten .'

' Neen , zet me maar in een luie stoel, het gaat al beter.'

Even later lag Bass naast haar op de grond, met zijn kop tussen de poten keek hij de living in .

Myrthe stak haar hand uit naar Kim.

' Sorry meid dat ik wat wantrouwig was, maar iedereen probeert hier binnen te geraken , helaas kunnen we zo iets niet aan.'

' Dat begrijp ik, zeker na Patje zijn vrolijke uitleg over de verbouwingen.'

' Zo vrolijk waren die niet, het kostte hem zijn voeten.' Myrthe zag dat Patrick dat wel even vergeten te vertellen had.

' Ja natuurlijk typisch Patje , altijd vol lof over een ander.'

' Ik ben geen held Myrthe, het ging per toeval'

Alhoewel iedereen wist dat het niet waar was, bleef hij in een ongeluk geloven.

' Neen vent , je hebt ons ingedekt tijdens het roven van een bestelwagen vol batterijen die we zo broodnodig hadden.

Hij is neergeschoten door de bewaking Kim, en niet met een klapperpistool maar door een dubbele lading schroot uit een Riotgun.

Gelukkig kon Bert hem nog in de wagen sleuren, in het hospitaal was het verdict , weg voeten. '

Patrick trok zijn schouders op :' het staat in de sterren geschreven , vraag het maar aan een Boeddhist .'

Patrick stak Kim het wapen toe :' zet even terug weg aub.'

Ze controleerde vluchtig of het proper was en stak het terug op zijn plaats.

'Ik heb een vraag voor jullie. Die wapens zijn hoogstwaarschijnlijk niet te koop in een supermarkt.

Dus illegaal of ook gestolen? En wat ga je doen als er ginder

ene beslist op wat steviger te kopen dan een Long rifle ?
Nu dat de wereld op zijn kop staat, denk ik snel aan een raketwerper of nog wat zwaarder.'
Caroline tikte tegen Kim's schouder , en wees naar de traphal.
 ' We moeten onze vracht nog lossen. De rest zal zich wel op tijd en stond openbaren. '
Het lossen was op zichzelf niks bijzonder . Alles ging via een afval sluis omhoog, getrokken door een elektrische lier kwam de transportbak zonder moeite omhoog.
Bert trok de lege sloep een stuk de trap op , een stalen ketting met stevig slot beëindigde zijn werk.
Waarna een zware stalen deur hermetisch het trapgat afsloot.
Hij wees naar het plafond, waar ze een bewegingsmelder zag hangen.
Caroline stond naast haar :' Voilà 't kot is toe. Kom ik laat je ons nestje zien. Je kan blijven als je wil, nuttige mensen krijgen eten.'
Alhoewel Kim wist dat ze ontzettend fier op hun werk waren, aarzelde ze toch.
 ' Ik wil niet onbeleefd en ondankbaar zijn , maar ik kan niet blijven. Ik moet mijn dochter vinden anders word ik zot.'
 'Laat ons je dan helpen! We kunnen internet gebruiken, misschien krijg je zo een idee waar ze zijn. Trouwens kan jij als agente hun GSM niet laten opsporen ?'
Kim keek de mensen rondom haar aan om tot het besef te komen dat ze haar hier eigenlijk goed konden gebruiken.
 'Dat zal niet gaan, ik ken hier niemand en heb hier ook geen enkele bevoegdheid. Zoals jullie weten ben ik ook al mijn

documenten kwijt, incluis men badge en wapen. En waar moet ik zijn? Daar zal ook wel niet veel meer werken, waterschade hou je niet snel tegen .'

' Je kan hieronder een tuig nemen om langs de Schelde naar de Oudaan te varen, dan moet je niet over land. Er zijn daar waar nodig wandelpaden gemaakt in Antwerpen, trouwens de binnenstad is zo goed als droog, ze hebben rondom het centrum snel enkele miljoenen zandzakken gestapeld. Het lijkt daar nu op de koekenstad tijdens de Noormannen tijd.'

De hersenen van Kim deden overuren nu haar zo'n voorstel aangeboden werd. Ze besliste dat alle hulp , hoe klein of groot die ook was , haar wel kon helpen om Anna terug te vinden. Toch was de twijfel niet weg te bannen.

' Kom nu maar mee, je kan straks of morgen nog beslissen wat je wil doen.'

Ze knikte van oké laat me eens rondsnuffelen.

Beide vrouwen liepen door de deur van de volle muur, waarna een zacht murmelend geluid hoorbaar werd.

Rijen zwartkleurige bakken met er boven geel kleurige lampen vulden tot aan het eind van de appartementsblok de open zalen. Hier was geen enkele muur die niet nodig als steun blijven staan.

' Voilà . Zie eens hoe de sla en radijzen je toelachen. '

Overal stonden bakken met allerlei groenten , de een al groter dan de andere.

'Zoals je ziet doet watercultuur hier zijn best om ons te voeden. Sla groeit sneller dan witte selder, daarom krijgt dat minder plaats ' .

' Caro ! Ik heb een vraag . Waarom zijn alle terrassen afgezet met traliewerk, is dat tegen inklimming?'

' Ook , maar de voornaamste reden is dat vogels enz onze oogst niet kunnen stelen. We zetten daar altijd de hoog klimmers , zoals stokbonen , paprika, tomaten enz. Daarom is er ook kippengaas aangebracht tegen meeuwen en andere vreetzakken, de bijtjes mogen wel komen bevruchten.

Die staan boven op het dak tussen alle zonnepanelen en water-verwarmer samen met de duiventil in de oude lift kokers. Kom ik ga je op het verdiep lager de speciale afdeling laten zien.'

Ze liepen naar het volgend trapgat , om beneden een ruimte te zien waarvan ook alleen nog de buitenmuren met de steunpilaren bestonden.

'Zie eens ! Dit zal je op alle verdiepen zien, de enige kamers zijn slaapvertrekken en de badkamer die blijven staan zijn , maar zie eens hoe vrolijk ze vandaag zijn.'

Buiten dezelfde waterbakken stonden er glazen visbakken waarin meelwormen vrolijk krioelden.

'Onze hamburgers en boerenworsten. Hahaha ! Dat had je niet gedacht hé.'

' Caro ! Het maakt me niet uit wat ik kreeg om te overleven. Wat ik wel fijn vind zijn de bloemen die hier zo vrolijk bloeien.'

'Dat zijn onze lokkers. Ze moeten er voor zorgen dat de hommels en bijen onze vruchten zwanger maken.'

De laatste uitgebroken woning bevatten kippen en konijnen hokken.

'En hier de versafdeling vlees. Om niet altijd wormen te moeten eten en een lekker eitje te rapen.'

Tientallen kippen kwamen kakelend aangelopen.

'Te vroeg kindjes, eten komt er straks aan, na ons.

Zo ! Buiten de batterij en gasflessen stalling , ziet het er overal gelijk uit . Laten we maar naar de anderen gaan. Het eten zal wel klaar zijn .'

Bij bestijgen van de verdiepingen klopte Caro tegen een deur .

'Onze afdeling. Alles wat een vrouw nodig heeft, van maandverband tot naaigaren . In de andere kamers staat de droge voeding.'

Terwijl ze de laatste trap opliepen bedacht Kim dat dit wel een enorme klus geweest moest , zoveel details moesten verwerkt zijn op zeer korte tijd.

Allen zaten samen aan tafel , Bert zat al smakelijk van een bord soep te eten.

De smaak van de soep deed haar verbazen , zoiets had Kim nog nooit geproefd. Bert zat zacht te murmelen terwijl hij zijn bord leeg lepelde.

' Verdikke toch, hoe een bord veredeld water met wat verse groentjes erin toch lekker kan zijn. Mmm. Zalig.'

'Ik moet je gelijk geven Bert, dit is waarschijnlijk de eerste soep met vers geplukt gewas wat ik ooit at . Inderdaad super lekker.'

Een kei harde knal deed Bert zuchten , waarna hij naar buiten keek.

'Zeg ik ben aan't eten ' sprak hij tegen de donker wordende lucht : ' ik zal direct dichtdoen . Precies vroeger dan verleden jaar.'

'Niet echt Bert' Patrick zette zich wat rechter en keek eveneens naar buiten: ' verleden jaar begon de duisternis wel niet zo hevig als nu. Je kan na je smulpartij wel alles afsluiten .'

Kim zeer nieuwsgierig bood zich aan om te helpen , waarop ze wat later Bert vergezelde door het blok heen.

Overal schoven ze zware luiken voor de deuren en ramen , die dan verankerd werden met stalgrendels.

'Kim neem eens een emmer, en schenk van ieder vat daar tegen de muur eens een kom in .Vergeet de meelwormen niet . Dat is voor de kippen , ik zal de andere dieren eten geven.'

'Geef jij de kippen ook al hamburgervlees?'

Brommend begon hij te lachen .

' Hahaha ! Dat heeft Caro je wijs gemaakt. Hihihi. Neen hoor die wormen zijn alleen voor de dieren, wij kopen vers vlees. Die kruipers vermeerderen zich terwijl je kijkt. Ik moet die niet echt op mijn bord hebben . Bwha.'

Tevreden liepen ze terug naar de living waar Caroline haar vrolijk aankijkt.

' Verdomme Caro , ik ben er los ingelopen meid .Verwacht je maar aan mijn wraak.'

Na de uitleg begonnen de anderen ook te lachen, tot een telefoon Patrick zijn aandacht vroeg.

'Gegroet Heinz , alles kits ? Wat ? Wacht ik zet op luidspreker.'

Een stem met een Duits accent klonk op.

' Patje ze zijn zot geworden in 't dorp. Deze middag hebben een bende snotneuzen Mieleke de beenhouwer overvallen .

Ze hebben eerst de bewaker in de koelcel gestoken, en de Miel half dood geklopt. Erger is dat Joseke verkracht is, ze ligt nu in't UZA. De politie werd door een omstaander verwittigd maar die konden niks anders doen dan afwachten, die klootzakken hebben er op geschoten.

Weet je wat ze dan deden ? Dat is ongelofelijk.

Alle varkensvlees werd met verf overgoten, waar is dat goed voor?'

Even was het stil onder de vrienden. Zoiets hadden ze nog nooit gehoord.

' Heinz ! Mijn aanbod blijft vriend . Pak je spullen en kom naar hier. Nu kan het alleen maar erger worden , zoals in Brussel is gebeurt. Kom man , je bent welkom.'

'Dank je Patje maar ik kan mijn zaak niet verlaten .Teveel brave mensen hebben mijn hulp nodig.'

'Oké , zoals je wenst. Bel als je later toch wil komen.'

Een klik verraadde het eind van het gesprek.

'Toch gek dat Heinz aan zijn shop blijft hangen, zoveel werk heeft die daar toch niet ' Myrthe rekte zich uit: ' zeker nu.'

Kim had aandachtig geluisterd en kon haar nieuwgierigheid niet verbergen. Waardoor Myrthe het nodig vond om een woord uitleg te geven.

' Heinz is één van de slimste mensen die ik ken Kim. Hij is een computer deskundige, één die miljoenen aangeboden kreeg van uit Amerika. Helaas voor Bill Gates blijft hij liever in zijn computerwinkel de gewone mens helpen voor een zacht prijsje.

Alles hier is van zijn hand, en werkt nog steeds zonder

haperen .'

De telefoon rinkelde opnieuw. Patrick keek naar de naam van de beller , hij duwde de speaker toets in .

' Dag Heinz dat is ook lang geleden, kom je toch ?'

' Neen vent , maar ik vergat je te vertellen dat jouw barak 24 op 24u in het oog gehouden wordt. Als ik jou was zou ik je computer zaal ook 24u bemand houden .'

' Hoezo ! Wie bewaakt ons, en hoe weet jij zoiets?'

' Praatjes in mijn shop van andere praatjes makers . Het zou door de Beach- boys gebeuren.'

' Heinz ! Dat is een muziekgroep uit de U. S , ik denk niet dat die hier zijn .'

' Ja maar zo wordt de nieuwe leider aangeduid. De vent zou hier een tijd geleden aangespoeld zijn vanuit het kustgebied, een portier en smokkelaar van alles wat niet deugd.'

Geschrokken keek Kim naar het toestel alsof ze er alle antwoorden uit kon krijgen.

Patrick zag dat ze zat na te denken: ' Heinz merci, ik bel je nog wel.'

' Kim! Waarom denk je nu aan je man, is er een kleine kans dat hij het kan zijn.'

'Alles kan, maar om eerlijk te zijn. Ik zag de schutter met al de anderen door de lens , daar was Mark zeker niet bij. Hij was wel portier aan de kust en deed soms nogal geheimzinnig wat zijn inkomen betrof , dus het kan . Maar ik moet mezelf niks aanpraten, het zou te toevallig zijn. Trouwens hij is struiser gebouwd dan die aanvallers , zo een beetje als Bert , maar wat kleiner. En kan met een wapen omgaan , ik heb hem dat geleert. Niet alles maar voldoende om zich als portier te kunnen verdedigen in tijd van nood.'

Het dorp

De Iman had zojuist zijn woord bijgedragen tot de vergadering, en zat nu in een zetel meer bedroeft dan boos naar de aanwezigen te kijken .

Die zaten allen met gekruiste benen op hun gebedsmat , met de handpalmen op de knieën .

Hij wees naar een persoon gekleed in een sportuitrusting, die woedend de zaal inkeek.

De licht getaande stevig gebouwde man stond recht, en stak zijn wijsvinger de zaal in.

' Bende idioten , dertig man en geen één die zijn verstand gebruikt heeft. Als ik jullie Iman zou zijn , kwam je nooit meer de moskee in .

Wie van jullie is er op het achterlijk idee gekomen om de beenhouwer te overvallen ? Denken jullie nu dat het bederven van alle niet halalvlees de mensen gaat tegenhouden om geen vlees meer te eten. Bende zotten , dan kopen ze gewoon schaap .

Maar het ergste vind ik dat je Mieleke en zijn Jozeke mishandeld hebt. Dat is nu eens een mens die geen onderscheidt maakt tussen alle rassen , wij werden zonder meer evengoed bediend als alle anderen.'

Een aanwezige stond recht om de spreker te onderbreken.

'Ghali zit en hou je bek , ik weet dat je de aanstoker bent. Hoe onnozel ben je feitelijk dat je dan nog een vuurgevecht aanging met de politie. Denk je dat die niet gaan reageren? Vent toch ! Binnen de kortste keren loopt het hier vol met zwaar bewapende bewakers. Kom dan verdomme niet klagen dat je nergens meer kan komen zonder gecontroleerd te worden.'

'Assam , je bent hier niet de baas . Ik spreek zoals ik gebekt ben en jij luistert .

Het was allemaal in het plan, en het is gelukt. Volgens mij was er overeengekomen dat de wijk achter de spoorweg alleen door ons bewoond zou worden , dat zou maken dat er hier vredig en rustig geleefd kan worden naar het voorbeeld van onze thuislanden.

Nu weten ze dat we niet twijfelen om wapens te gebruiken , en zal de laatste niet Moslim hier snel weg zijn. Trouwens, jij bent al een halve afvallige met je blond hoer.'

' Ghali! Vroeg of laat ga je spijt krijgen van je vuile bek. Melissa is mijn verloofde , dus beschimp haar niet. Ze heeft niks te maken met je dolle kuren.'

' Neen dat is juist , maar je zal ze toch moeten verwijderen , anders vertrek jij maar.'

De meeste aanwezigen klapten in hun handen als teken dat het zo moest zijn .

' Ja natuurlijk ! Als ge zo zot bent om zonder nadenken in 't dorp heibel te maken , ga je Ghali gelijk geven . Wee jullie. Ik verwijder me nu van alle onheil , je zoekt het maar uit. Laat me wel weten wie er gelijk kreeg.'

Hij liep zonder op de aanwezigen te letten naar de uitgang.

 ' Sorry Iman . Hopelijk kan je hen intoom houden. Het gaat je goed, dat Allah je beschermt.'

 ' Hé dove , ze bellen .' Een modieus geklede vrouw lag op de zetel te wachten tot haar teennagels droog waren. De man aan de tafel had zelfs dat niet gehoord, zo was hij in gedachten verzonken.

 'Ik ga wel ' klonk een meisjesstem vanuit de gang.

Even later kwam een tengere Aziatische man binnen.

Het eerste wat bij de aangekomen opviel was zijn zwarte kledij die fel vloekte met zijn spierwit haar. Een tarantula tattoo was over de rechtse kant van zijn gelaat gezet.

 ' Gegroet zeeman! Je wou me spreken ?'

Uiteindelijk deed de stem hem terug de wereld in komen.

Mark wreef over zijn gelaat om de laatste hersenspinsels te verdrijven .

 ' Zet je.' Even wachtte hij tot zijn stem vast klonk, die laatste Whisky gisteren was toch teveel geweest.

 'André, verklaar me nu eens waarom ik rare zaken over je verneem. Je hebt onlangs een vrouw gemolesteerd, en gisteren geschoten op een groepje mensen .'

 'En dan ? Het was al de tweede maal dat ze zich bemoeide met mijn zaken. Ze zullen het nu wel laten. En die vrouw is een flik, spijtig dat die groep er aankwam of we hadden haar verkracht.

Ik heb trouwens haar wapen en ID kaart afgepakt, ze wou verhinderen dat we een auto stalen.

Hier haar kaart, misschien komt ze nog van pas , het wapen hou ik.'

Mark bekeek de politiekaart.

'André maat ! Hoe komt het toch dat je altijd in de penarie komt als ik niet in de buurt ben. Denk je nooit na?'

' Hé zeg ! Het is niet omdat je hier enkele maanden woont dat ik je aapje ben .'

' Nee , dat is nogal duidelijk . Maar sinds ik hier wat rondloop gaan de zaken goed, of breng jij drugs en wapens tot hier? Wel zonder ongevallen of douane controle.'

'Wapens ? Die prutsgeweren zijn geen kloten waard. Een enkelschot Longrifle, dus steeds herladen, tegen die tijd zijn je doelen al kilometers ver weg.'

' Les één en luister goed naar me , misschien leer je nog wat van handel drijven. Die geweren zijn dodelijk tot op één kilometer , probeer dus raak te schieten .

Les twee : hij die er één aangeschaft heeft zal hetzelfde doen als jij, namelijk klagen en zagen dat het te licht bevonden is . Dus als de veertig stuks uitverkocht zijn , maken we reclame voor de AK 47.

Wedden dat we vlot veertig stuks verkopen. En dat André, is zaken doen.'

'Ja 't is al goed , ik geef toe dat het beter kon. Toch denk ik dat de vrouw geraak is, ze zat niet meer recht in de boot.'

' Les drie: Om drugs en wapens te verhandelen moet de hele buurt rustig zijn , wat denk je als ze de politie erbij halen? Gedaan met makkelijk geld verdienen, en ik weet van niks .

Als ge met zo'n gezicht zoals dat van jou rondloopt, ben je snel herkend.'

'Over geld gesproken, wanneer kom je over de brug met ons deel ? De Schele heeft dringend een andere scooter nodig , anders gaat hij er ene stelen , weer politie.'
Mark wees naar de kast waar bruine enveloppen lagen.

'Die scooter, daar heb ik nog een vraag over. Wie schoot die kapot was dat iemand uit dat groepje?'

' Neen waarschijnlijk iemand uit dat waterhuis , maar het was er ferm naast . Paf die scooter vloog verdorie een meter omhoog.'

' Laatste vragen .Waar is die scooter nu? Waarom hou je dat huis in de gaten ?'

' Die hebben daar voedsel teveel en verkopen het ergens de stroom op. We zoeken uit naar waar. En dat wrak ligt daar nog met een gat zo groot als een kopje door de motor.'

'André , neem jullie salaris mee er zit een bonus in. En makker hou het kalm ginder , als ik juist denk zit daar een gevaarlijk wezen dat je niet wil tegenkomen , en ik ook niet. Als het zo is was dat schot zoals geplant.'

'Hoezo ? Weet jij dan wie ginder woont ?'
Mark gaf de ID kaart terug aan André.

' Deze vrouw is levensgevaarlijk getraind, ze kan je met één vinger doden , denk eraan als je nog eens zot wil doen.'
Beduusd verliet André het huis , niet goed wetend hoe Mark zo iets wist .
De vrouw trok de watjes van tussen haar tenen, aandachtig zijn gelaat bekijkend zette ze zich recht.

' Mark ! Ken jij die politie agente ? Dat lijkt me ver gezocht.

En niet liegen aub, want straks staan ze hier tegen mij te zeveren.'

' Vrouw dat weet ik niet , maar van wie die ID kaart is wel.

Die is van mijn ex vrouw. Vraag nu niet hoe ze hier komt en waarom. Als zij het schot vuurde mag André zich alle dagen een kaars branden van geluk. Ik ga die brommer eens bekijken ik kom straks wel naar de kroeg , zeg maar dat ze mijn beurt opschuiven .'

' Dat is ook de eerste keer dat je niet gaat biljarten .Vreemd Mark, zeer vreemd.'

Hij deed zijn jas aan, nam een lange tas van de kapstok en stapte naar de voordeur.

' Anna ik ga nog even wandelen ga jij maar al met Laura mee . En ik zei opschuiven, niet afzeggen.'

' Oké pa , niet te lang wegblijven aub.'

Een half uur later stond hij boven het wrak gebogen en mat met zijn duim het inslag gat van de kogel.

' Geen waterpistool dat is zeker.'

Mark nam een verrekijker uit zijn rugzak , startte de batterij en keek de donkere nacht in die nu groen flikkerde.

Slechts één lichtpunt was er bij het waterhuis, dat hij dan ook aandachtig bestudeerde. Na een half uur was hij tevreden, veel beweging was er toch niet te zien

' Goed vent dit levert niets op. '

Even was Mark in twijfel of hij zijn eerste gedacht wel moest uitvoeren. Hij zou zich wel verraden aan Kim als zij daar was, hij wist dat ze hem dan als een dolle wolvin zou zoeken, en laten boeten voor het meenemen van Anna.

'Verdorie boekvent, gewoon doen. Je ziet wel wat het wordt en dan heb je duidelijkheid .'

Mark opende de zak waaruit hij een scherpschuttersgeweer M24 haalde, hij stelde de lens wat bij en keek daarna de woonkamer in waar een schotel aan de muur zijn aandacht trok.

' Oké drie in een driehoek.'

Een geluiddemper zou niemand wakker maken. De loop lag op een kussen boven een muur , hij haalde langzaam enkele keren adem en schoot dan snel drie kogels naar het waterhuis.

De bekentenis

Het raam verbrijzelde door de eerste 7.6 mm kogel , waarna er drie inslagen de muur raakten.

Geschrokken keken allen naar het neervallend glas.

Kim was als eerste recht gesprongen, drie inslagen in de vorm van een driehoek markeerden de muur.

' Zitten, blijf zitten ' riep ze hard, waarna ze voor het raam ging staan en de nacht inkeek.

' Kom maar klootzak , maak het af of ik kom je halen.'

Ze stak haar middenvinger de lucht in.

' Je bent dood.'

Mark liet het geweer zakken. Gaf een handkus die niemand zag.

' Nog niet schatje nog niet '.

Hij wandelde rustig weg om te gaan biljarten.

'Kim !' Patrick riep haar aan :' ga toch van dat raam weg, wie weet wat die gek nog van plan is.'

Langzaam alsof ze alleen op de wereld was, draaide ze zich om en keek naar de angstige gezichten.

' Geen angst mensen, hij is weg. Ik moet blijkbaar niet ver zoeken naar Anna.'

Ze wees op het patroon : 'Drie ! Dat heb ik hem geleerd , helaas niet volmaakt. Maar afdoend voor een dodend schot.'

'Wil je nu zeggen dat jouw man zijn aanwezigheid komt melden ? Dat lijkt me wel een zeer ongewoon signaal.'

Ze trok haar schouders op , waarna Kim een kogel opraapte.

'Juist , het wapen dat ik hem gaf vuurt zo'n af.'

'Kim kom toch aan tafel, we zullen het raam dichten.'

' Je moet geen angst hebben, als hij me dood wou lag ik nu al op de vloer. Hij is weg. Ik vraag me af hoe die weet dat ik hier zit.'

'Beach-Boys ? Misschien was diegene die jouw ID stal wel één van hen. Wie zal het zeggen. Maar nu moet je niet halsoverkop op zoek gaan, misschien is dat wel zijn wens.'

' Dat ben ik ook niet van plan , laat hem maar wat sudderen. Anna loopt geen gevaar bij hem. Als hij zenuwachtig wordt maakt hij misschien een fout en loopt tegen de lamp, of mijn kogel.'

Myrthe hield geschrokken haar hand voor de mond.

'Kim dat is wel moord, daarmee maak je uw dochter ook niet gelukkig mee. Geef hem liever aan, ze zullen zijn leven wel tot de draad uitpluizen.'

' Nee Myrthe, hij loste het eerste schot. Geen genade zoals in

Irak en dan paf je collega dood.'

Een overdonderende stilte volgde op haar uitspraak.

' Goed ik ben jullie een uitleg schuldig , maar schuif nu maar eerst het luik voor het raam .'

Voorzichtig uit de raamopening blijvend werd het stormluik door Bert voor het kapot raam geschoven. Waarna allen rond de openhaard gingen zitten.

' Goed. Ik was een gespecialiseerde soldaat die ingezet werd in meer dan waanzinnige opdrachten. Een type Rambo maar dan echt. Alleen of met twee werden we uitgezet om onze taak te volbrengen. Ik nam ontslag nadat door de schuld van mijn oversten twee collega vrienden het leven lieten, zonder gevolg voor de heren. Niks bijzonder in oorlogsgebied zal je zeggen , doch na een verkeert bevel van hen is het gebeurt en niet te herstellen. Details hoef je niet te weten, beiden zijn dood en waarschijnlijk ook vergeten door het leger.

Ik gaf me daarna aan bij het DSU, bij jullie beter gekend onder de oude naam Groep Diane, waar ze met open armen onthaalden als vuurwapen specialiste. Tot de vloed vond ik dat een zalig beroep wat ik graag deed. Geen doden meer , geen slapeloze nachten in een ijskoude woestijn of overdag gekookt worden in je uniform.

En ja Myrthe ik heb mensen gedood, met reden en zonder pardon.

Eigenlijk mag ik niet mensen zeggen, als je moest gezien hebben wat ik zag zou je mij gelijk geven, en niet aan bevel is bevel denken.

Geloof maar alles wat ze over terreurgroepen vertellen, en doe dat maar maal tien langs beide zijden, want waar oorlog is wordt de menselijkheid vertrapt en vergeten. Eigenlijk zou je dat allemaal niet moeten weten, toch geef ik je als je wil één voorbeeld zodat je me niet als een monster gaat beschouwen.'

De gelaatsuitdrukking van haar toehoorders verschilden van , och arme tot een beetje misprijzen. Niemand antwoordde waardoor ze besliste om wat te vertellen.

'Er was een bevel gekomen dat we in een dorp moesten uitkijken naar een waanzinnige slachter van niet moslims. We waren al twee dagen boven op een heuvel ieder in zijn eigen put ingegraven.

Zoals altijd snikheet overdag en ijskoud s' avonds .

Gelukkig voor ons was het de volgende dag snel voorbij, toen een jeep aankwam met een groep schreeuwlelijken erop.

Onder luid kabaal sleepten ze een jong meisje uit een huis tot op het plein, waar de brut haar verkrachte met een houten kruis.

Wel Myrthe hij heeft haar niet zien sterven, die groep is niet tot aan de jeep geraakt. En dit is het zachtste verhaal wat ik je kan vertellen, de andere ga je toch niet geloven. Hopelijk ben ik hier nog welkom.'

' Je blijft een teamlid Kim' Patrick had zijn veto gesteld : 'maar twee dagen in een put moet toch ook je beoordeling schaden.'

' Oh ! Maar Patje , ik lag ooit twee weken te wachten voor ik de aangewezen killer te pakken had.'

Met een zuinige lach ging ze verder:' Dat wil zeggen dat je

overdag zo stil als een slapende marmot moet liggen, en je plassen enz maar in je broek moet doen . Met twee kan je om beurt slapen, maar alleen helpt alleen wat chemische troep die je inneemt.

Zo mensen , dat was Kim Claes voor ze hier gered werd.'

Bert schudde zoals steeds met zijn hoofd bij een vraag.

' Kim ! En hier kregen ze je wel te pakken.'

' Vriend ! Hier moet je normaal niet opletten , en zoiets gaat snel.

Eén goede tik is voldoende om je plat te leggen , ik keek eigenlijk naar de spin tattoo op zijn gelaat. Een andere sloeg me neer.'

' Dat was de schutter die Monica raakte. Vroeg of laat pak ik hem terug zowaar ik Rik noem.'

' Rik ! Doe zoiets niet, het zal je slaap voor eeuwig verstoren. Vroeg of laat komt de rekening die altijd betaald moet worden, het komt in orde vriend, dat beloof ik je.'

De man keek haar aan, voor zichzelf inschattend hoe goed ze was knikte hij vervolgens dat hij akkoord was.

Myrthe ging naar het koffiemachine waar voor iedereen een tasje werd gevuld , ze wees naar het enige goed raam.

' Nu wat anders heren. Denken jullie niet dat het tijd wordt om de flessen na te kijken ? Het wordt koud.'

'Jawel chef , maar eerst glas gaan halen voor ik hier bevries.'

Bert stak zijn voeten tot tegen het vuur en knorde tevreden.

De volgende morgen waren Rik en Bert zich aan 't voorzien van materiaal om glas te gaan halen.

' Waar gaan jullie dat halen ?' Kim stond wat zenuwachtig te trippelen.

Bert trok een pelsmantel over zijn Scandinavische kledij en stak zijn vinger uit richting het dorp .

' Bij de eerste rij ondergelopen huizen , keuze genoeg.'

'Ik ga mee , je kan niet werken en jezelf bewaken.'

Ze had wel tegenwerking verwacht, maar hij wierp haar eveneens een mantel toe.

' Konijn gemaakt door Caro, mijn schatje verzorgt me goed hé.'

Kim deed de mantel aan, ging naar de wapen kast waaruit ze het kleinste model revolver nam. Ze opende de trommel en nam de bovenste kogel eruit. Vervolgens stak ze het wapen tussen haar borsten, het koele staal deed haar even schrikken.

Bert had het gezien en kon een smile niet onderdrukken

< Knal zo maar geen gat in je bollekes > < Daarom is de kogel eruit Bert, de pin rust in een leeg gat > < Wel niet gemakkelijk te pakken met al die kleren aan > < Weet ik, maar zo bevriest het wapen niet >

Het geweer dat volgens haar het minst bruikbaar was wikkelde ze in een deken en was klaar om de mannen te volgen.

Bij de woningen mat Rik gewoon de ramen, bij goedkeuring werd het met kader en al uitgebroken.

Geen halve dag later waren de ruiten aangepast in de kapotte deurvleugel. Tevreden keken de mannen naar het gedane werk.

'Voilà , als de eigenaar nu ook tevreden is kunnen we

afrekenen.'

'Vergeet dat maar, ga maar eerst de flessen nakijken voor het koud is . Of ge slaapt straks bij de varkens.'

'Hoor haar, madam Caro spreekt. Denk je dat ik al die vodden aandoe omdat het buiten warm is . En die varkens is een goed idee die snurken misschien niet zo hard als jij doet.'
Een handdoek kwam zijn richting uitgevlogen.

' Goed schatje je slaaf en minnaar spoed zich naar de kelder.'

' Kan ik helpen want daarbuiten was niks te doen dan kou lijden.'

' Hou je jas maar aan.'
Verwonderd zag ze op het ondergelopen verdiep duizenden twee liter Pet flessen rechtop drijven. Alles bijeen gehouden door een rechthoekig kader gemaakt met PVC buizen .
Zonder een woord ging Bert met twee flessen terug naar de keuken, schroefde dop eraf en stak een glazen pipet in de fles.

'Patje ! Wat denk je 25 tot 30?'

'Dat zal wel voldoende zijn , ik denk dat niemand bij min dertig nog buiten komt , wij zijn geen Eskimo's.'

' Halo ! Denken jullie dat ik chinees versta. Doe ik dit konijnen vel uit of ga ik helpen ?'

'Oh sorry Kim , maar we zijn zo gewoon dat iedereen hier alles weet. Dit is onze anti ijs muur als het water dicht vriest , die flessen zijn gevuld met ani vries. Rik kwam twee jaar geleden met het idee. Heb je gezien dat rond het blok nog korte struiken en zo groeien, dat laten we zo omdat de barricade niet zou wegdrijven. Maar kom mee dan is het zo duidelijk.'

Hij schroefde de dop er terug op en sloot het af met Duck tape. Terug beneden gaf hij haar een uitschuifbare stok .

'Hier jij duwt de vlotten zachtjes naar buiten , ik roei'
Een één mans kano verscheen waar achteraan lange vlotten aanhingen. Ze hield het gevaarte vlot van de muren.

Eén voor één verbond Bert ieder drie meter lang flessenvlot met elkaar, zodat er rondom het gans blok een twee meter brede flessen omheining ontstond.

Verbaast maar zeer tevreden over haar aandeel stond ze naar de schittering van de flessenboord te kijken.

'Wacht tot de winterzon er op schijnt, dan kleurt het water zoals een aangeklede kerstboom. Kom genoeg kou geleden we gaan er ene pakken .'

Dat is toch waanzin dacht ze : ' Wie bedenkt nu zoiets. Moeder wat ga ik hier nog allemaal tegenkomen ? Bizar, zeer bizar volk.'

Ontdaan van alle overtollige kledij zette Bert zich voor de haard.

' Schatje, ik ben klaar. Krijg ik nu een kleintje en een slokkie?'
Even later bracht Caroline hem een mokkatas hete zwarte koffie met een stenen tasje warme saké.

Bert stak genietend een half klontje suiker in de koffie wat hij daarna slurpend opzoog , de hete koffie gevolgd met de sake verdween in één teug naar binnen .

'Zalig gewoon. Wat ben ik toch een gelukzak met zo'n lief vrouwtje.'

Caroline wou antwoorden, maar een licht gesnurk vertelde dat Bert al bij de elfjes was. Ze kuste hem op zijn hoofd.

Siberisch koud

Meer schuivend dan stappend verliet Rik het dak.

De zonnepanelen en parabolen waren weer ijs vrij. Belemmerd door de speciale winterkledij waggelde hij tot bij Bert.

'Kom man, ik ben klaar.' Zijn adem maakte wolken die meteen bevroren in de ijskoude lucht. Van de mannen was geen stukje huid te zien , toch bibberden ze om het hevigst.

Zonder woorden liepen beiden naar de traphal. Bert opende de frigodeur waarop een warme lucht hen tegemoet kwam. Hij sloot de vriesvrije deur en ging de trap af. Beneden zette Bert de koperen tuinsproeier gevuld met anti-vries naast de trap, en schudde zijn lichaam om zo de kou te verdrijven.

'Verdorie Rik vandaag of morgen ben ik een meisje. Alles eraf gevroren. Nog een geluk dat onze vrouwen deze opgevulde pakken gemaakt hebben, ik zou nu niet graag in het dorp wonen.'

'Laat ons hopen dat Franky boy met zijn weerbericht verkeert is. Nog zo'n maand of twee zal wat doden opleveren.'

Niets was minder waar, gans het noordelijk halfrond veranderde in een week tijd tot de ijstijd.

De Schelde droeg opnieuw ijsschotsen mee, die bonkend en kletterend hun aanwezigheid aan de vrienden verrieden.

De eerste klachten die tot hen kwamen was het tekort aan voedsel.

Zelfs de wintergroenten hadden het niet gehaald , alles zat rotsvast bevroren in de grond.

De eerste rebellie ontstond dan ook snel , lege winkels bleven leeg .

Vrachtvervoer kon niet meer over de met dik ijs bedekte straten. Trams en treinen vroren vast aan de sporen. Er werd informatie en materiaal aan Noorwegen gevraagd, daar hadden ze zelf zoveel problemen dat ze niet konden helpen met hun machinepark.

Overal sneuvelde winkelruiten door woeste bewoners, eerst bij de voedselwinkels later waar men maar dacht dat er wat te rapen was.

De vrienden zaten na de arbeid zoals altijd rond de haard.

'Vrienden de nood zal zich hier misschien ook aanmelden, niet wat eten betreft maar wel de energie voorziening. We kunnen niet blijven op het dak kruipen, trouwens nutteloos, de zon laat zich toch niet zien.'

Patrick wist dat ze nu allen met meer aandacht luisterden.

'We moeten waar mogelijk is wat minder verbruiken. Gas is er normaal voldoende, maar niemand had Siberië hier aan de deur verwacht.'

Kijkend naar de versierde kerstboom: ' Ik denk ook dat Bert dit jaar geen kerstman moet spelen, er gaan geen kinderen langs komen.'

'Dat zou spijtig zijn , er zijn voldoende honing snoepjes en ik heb mijn tekst wat aangepast. Maar het is nu eenmaal koud.'

'Heb je concrete voostellen Patje?'

' Ja Monica, maar jullie vrouwen gaan sommige niet leuk vinden.

Ik stel voor om de douchetijd op vijf minuten te houden.

Om alle elektrische toestellen die normaal ons leven zo aangenaam maken indien mogelijk uit te laten Ik bedoel bijvoorbeeld de micro oven, je kan de openhaard rooster gebruiken om wat te bakken of koken.'

'Voilà de vrouwen weer. De heren zijn weeral gelukkig dat ze maar om de tweemaand de douche in moeten. En koken daar hebben ze nog nooit van gehoord, Maar je hebt gelijk Patje, we zullen ons allen wat moeten aanpassen , beter wat minder dan niks. En niks is nu heel gevaarlijk.'

Bert kreunde van het warmte genot:" Weet je wat ik echt gevaarlijk vindt ? Dat is je poep afkuizen met een stuk glas. Toch wil ik zolang mogelijk proper maken op het dak. Alle beetjes helpen , we hebben nog twee volle vaten Anti-gel ."

' Zullen we er morgen een punt van maken , nu heb ik zin in een borrel.'

Patrick voorstel werd snel aanvaard, waarna het gewoon avond praatje terugkeerde.

Een telefoon verstoorde een uur later het Monopolyspel dat sommigen speelden .

'Dag Heinz. Dag jongen, ben je vandaag in 't Galgenweel gaan zwemmen ? Wacht ik zet op speaker.'

'Dag meneer, je kent me niet maar ik ben Melissa, de aangenomen dochter van Heinz. Mijn pa weet niet dat ik je bel, we zijn in nood. Zou je ons nog toelaten meneer? Ze hebben pa afgeranseld meneer.

Ze dachten dat wij hier een groenten kwekerij hebben . Oei meneer ik denk dat hij bijna dood is , zo erg.'

'Niks bijna dood' klonk nu Heinz zijn stem:' geef me dat ding eens ?'

'Patje ze hebben verdomme mijn winkel leeggeroofd, denken die nu echt dat je TV 's kan opeten. Patje telt je aanbod nog ? We zijn met vier , Melissa haar lief heeft wel een ander kleurtje dan wij.'

' Heinz pak je spullen in, we komen je tegemoet.'

' Dank je , mijn spullen staan al maanden klaar.'

Bert , Rik met Kim sprongen recht om zich aan te kleden.

' Kim je kan beter hier vanaf het terras bewaken. Heinz heeft een raar toestel gemaakt wat hij hier als kinderslee trekker gebruikt als het ijs dik genoeg is, hij zal hier snel zijn. Jullie beiden, hop ga een avondwandeling maken.'

Helemaal ingepakt tegen het vriesweer stond ze even later met de X- Box ingepakt op het terras, een extra donsdeken lag over haar heen.

< Hopelijk krijg ik de trekker over dacht ze. >

Twee figuren op ski's kwamen achter het gebouw vandaan.

< Ah dat zijn nu leuke doelen, twee mammoeten op ski's.>

Ze moest niet lang wachten om een vreemde constructie te zien naderen. De mammoeten stopten, groeten en keerden om gevolgd door wat ze herkende als een bromfiets in een kader met zijwaarts gespreide vorken met ski's. Achteraan hing een palet op snowboarden waarop enkele vage figuren zaten.

< Oké nog mammoeten. > Ze wachtte tot het groepje achter het huis verdween om terug de warmte in te stappen die haar deed zwijmelen.

'Ge gaat toch niet zeggen dat het koud buiten is , onze

venten zijn wel gaan wandelen.'

Even moest ze slikken om de grap van Caroline.

Terwijl ze alles uitdeed wat niet meer nodig was riep ze Patrick.

' Patje ik weet een energie hulp.'

De man die eigenlijk op zijn vriend wachtte kon even niet volgen.

' Als Caro moet plassen , laat ze het dan op de warmte elementen doen . Dat zijn twee vliegen in een klap, het ontdooid en ze moet niet doorspoelen.'

Voor Patrick het doorhad schoot Caroline in een daverde lach.

' Prachtig die zit . Goed gevonden Kim. Kom we bereiden wat voor de sukkelaars.'

Met Scheiss dorp betrad één van de nieuwe bewoners de living, hij liep zonder een groet naar de haard.

< Yep , ze zijn niet veranderd sinds 1945 dacht Kim , ook een goede dag Fritz.>

De drie anderen waren beleefder en groeten de vrouwen bij het voorbijgaan.

' Beste vrienden mag ik jullie voorstellen. Inga zijn vrouw. Melissa en haar vriend Assam, wees welkom.'

Assam was de eerste die bewoog en knikte naar alle aanwezigen.

' Hopelijk gaat mijn teint jullie geen angst aanjagen. Praktiserend Moslim maar lief tot mijn laatste adem . Ik ben mijn nieuwe ouders zeer erkentelijk dat ik mee mocht komen . En zalig warm dat het hier is , ik voel het ijs van mijn billen schuiven. Dank je wel.'

Er werd snel verbroederd met de nieuwelingen , doch Heinz was het meest aan 't woord.

' Patje , wat is dat toch een scheiss wereld ! Die idioten hebben alles , aber alles naar de kloten geslagen. Verdomme onnozelaars .

Oké honger is een harde dobber, dat heb ik nu ook ondervonden.'

' Je komt op het juiste moment mon ami. We zijn onze energie aan het uitpluizen zodat het hier zalig wonen blijft.'

' Ik dacht het wel. Kom maar Heinz, je bent welkom, Scheisse. Oké makker zoals toen één team met slechts één brein.'

Een heldere eerlijke lach doorbrak de man zijn streng gelaat.

< Oké , mijn gedachte even aanpassen het is geen Pruis >.

Kim bood de mensen een bordje Spaanse tapas aan.

' Verdomme hebben jullie alleen zo'n rotzooi? Dan ben ik zo weg.'

De vrienden wilden reageren, maar aan het gezicht van Patrick te zien genoot die van Heinz gemaakte uitspraken.

Kim wou naar de keuken gaan om nog wat te halen , maar een stevige hand hield haar tegen die een siddering van blijf van me af bij haar voortbracht.

' Dank je Fraulein , en vanaf nu spreek ik deftig Hobooks.'

' Graag gedaan meneer, ik ben ook maar een vondeling zoals jij.'

Ze zag dat de man zijn wenkbrauwen optrok, en vervolgde haar weg.

'Patje !' Heinz deed teken van kom eens dichter bij.

' Dat meisje is een knappe griet, maar zit vol met frustraties. Pas op dat ze niet ontploft.'

Patrick glimlachte naar hem: 'Ze zal misschien ooit je vel redden. Behandel haar fatsoenlijk, ze is geen Nazi.'

Heinz leunde achteruit en luisterde naar alle ontsponnen gesprekken.

Patrick kwam terug van de drankkast :' hier Asbach .'

Hij gaf Heinz een glas van zijn geliefde Cognac , wat de man met ' zalig ' overnam.

Monica met Myrthe zette vier borden op tafel , met komen eten was het ijs compleet vergeten.

De Lage weg buurt

' Mark , we hebben ze gevonden. De ex buren weten waar ze naar toe is. Wat nu ?'

'Wel André ! Als je een beetje logisch nadenk zou ik zeggen , ga ze halen. We hebben wat vragen voor haar.'

Zo kwam het dat Micha na wat tegenstribbelen nu zalig lag te genieten in een heet bad met torenhoog schuim, het glas bubbels naast haar was opnieuw bijgevuld.

' Zo te zien hebben jullie de lotto gewonnen, wie beschikt er nu nog over zoveel luxe ? Helaas weet ik niet wie er allemaal bij die gek woont, ik was daar al weg. Maar als je nadenkt kunnen dat toch niet al te slimmen zijn.'

Mark zat buiten naast de deur op een kruk na te denken wat zijn volgende zet kon zijn, tenslotte was drie maand lang genoeg om een plan op te maken. Als Kim dacht dat hij Anna terug zou geven was ze verkeert.

Hij zou Anna ook niet vertellen dat haar moeder hier rond liep.

'Zeg Mark ! Zijn er hier ook echte mannen? Ik lig hier al een uur naakt in een bad, en niemand heeft me aangeraakt, of lust niemand bruine lipjes? '

Mark had geen tijd nodig om zich te ontkleden, even later liep het bad over. Tot in de leefkamer hoorde André haar gilletjes. Hij stond recht om naar buiten te gaan , het opengaan van de voordeur deed hem twijfelen.

De helders stem van Anna klonk in de gang.

' We zijn thuis geraakt , de tram doet het weer .'

André zette zich vlug in een zetel en deed alsof hij wakker schrok.

Even moest hij lachen , vanuit de badkamer kwam geen kik meer.

Huppelend kwam Anna gevolgd door Laura de kamer in.

' Hallo André slaapkop , ben je nu nog hier ? Kijk eens wat tante Laura me gegeven heeft , hopelijk werkt het internet nu terug beter.'

Laura groette hem :' Dag André ,'t is warmer buiten, het ijs smelt al. Doch het sneeuwt nu een beetje.

Waar is Mark met die bruine slons ?'

Voor hij een uitvlucht kon verzinnen stapte Mark slechts gekleed in een handdoek de living in, terwijl een vrouwenstem achter hem een lied neuriede.

Met ogen die tot spleetjes toe getrokken waren bekeek ze hem.

' Zo meneer komt niet toe met één vrouw. Ben ik plots niet

goed genoeg meer, vent toch! De duivel gaat zich nu met je bezig houden. Kijk vooral steeds achterom.'

Ze liep de woning uit, spottend gevolgd door Mark.

' Bye , bye schat vertrek maar snel. Bruintje neukt me wel.'

'Paps zeg ! Laura is wel mijn vriendin.'

' Juffrouw , vrienden zien elkaar ook ergens anders. Helaas zal je haar niet meer ontmoeten , dat zeg en beveel ik.'

Wenend liep Anna naar haar kamer, de deur smeet ze met een smak dicht < klootzak > was het laatste wat hij vernam.

' Ook goed. André laat Laura zwijgen, ze heeft teveel van onze handel gehoord . Niet gezond voor ons goed betaald luxe leven.'

Met een zucht verliet ook André het huis. Moeilijk zou zijn opdracht niet zijn , voetsporen in de fijne sneeuw duidde hem de te volgen richting. Laura stond slechts enkele huizen verder te wenen.

Hij ging tot bij haar, legde zijn hand op haar schouder waardoor ze schrok. Ze schudde zijn hand van zich af.

' Laura geen paniek, ik ben niks van plan. Ook zijn bevel niet Kom je moet hier weg.'

Haar ogen keken hem plots keihard aan: 'Zo slaaf, kom je me doden? Dat is snel , normaal werkt zijn brein niet zo snel.'

'Kom hier weg. Nee, je bent zowat de enige die mij fatsoenlijk behandeld. Nee ; ik breng je in veiligheid , vertrouw me nu maar.'

Samen verdwenen ze in de steeds harder vallende sneeuw.

Achter de spoorweg

Ghali was bezorgd , bezorgd omdat er enkele volgers niet meer tot zijn vergaring kwamen.

De winter had hem ook niet bespaart , meer dan vijf kilo was hij verloren.

De Iman was zelfs niet meer in staat om de huizen blokken om te lopen. Dat kwam hem goed van pas.

Sommigen waren al bij Allah, dood gevallen van de honger en koude.

' Vrienden , het dooit. Mag ik eens vloeken in dit heilig vertrek?

Verdorie het wordt tijd. Het wordt tijd dat de beteren nu gaan zorgen voor onze zwakkere. Onze Iman, staat achter onze opleving. We moeten voor de onze zorgen zoals het in het heilig boek staat.'

' Ghali ! En hoe dacht je dat we dat moeten doen?

Geen één van ons kan behoorlijk op zijn benen staan.'

' Voedsel. Voedsel is wat we het allereerst moeten hebben.

Er is hier maar één oord waar ze voldoende hebben !

Het waterhuis. We moeten plannen hoe we dat kunnen bemachtigen. Dan hebben we voldoende te eten.'

' Ghali, misschien denk je door de honger niet helder? Die leven wel in een mini zee. Ga je galeien en stormboten aanschaffen?'

' Mho , dat is nu juist wat ze daar niet verwachten. We doen het 's nachts als ze slapen. Ik ken een handelaar die ons van zware wapens kan voorzien. Ik zou zeggen, het is als een stukje kaas eten. Alles is nog keihard bevroren, met ijsschaatsen en ski's zijn we daar in een mum.'

'Ghali! Engels en Vlaams zijn twee aparte talen. Hou ze gescheiden. Het is a piece of cake, als je dan toch slim wil overkomen. Nooit is een plan verlopen zoals geplant, als je de geschiedenis dan toch wil verkrachten denk dan eerst goed na, veel dekking is daar niet op de potpolder.'

'Mho , daarom nu. Als het ijs weg is , moeten we zwemmen.' Toch was hij blij met het onverwachte tegenspreken, nu hadden ze een reden om na te denken.

' Vrienden laten we het proberen , het kan alleen winst opleveren. Hoelang is het geleden dat wij voldoende gegeten hebben? Vraag ook eens aan de buren of ze meedoen, een man meer kan nooit kwaad.'

Hij zag wel dat er twijfel ontstond, veel mensen gaf meer veiligheid, maar je moest ook delen.

'Mannen ! Ze leven daar al zo lang, het moet een klein paradijs zijn. Laat ons morgen nog eens vergaderen , dan beslissen we.'

Stram en stijf van het lang zitten in de koude moskee verlieten de aanwezigen het gebouw.

' Mho ! Als je niet mee wil kom dan morgen ook niet, je praatjes kan ik missen.'

' Zoals je wenst broeder , dat hij hier boven je de weg toont.'

Het waterhuis

' Heinz als ik kon dansen kwam ik je halen voor een jive.'
Beide vrienden zaten in de controleruimte, naar het enig scherm dat nog aanstond te kijken.
Langzaam was de elektrische energie opgeraakt, en moesten ze overal waar kon besparen. De onderste verdiepen waren leeg gegeten en niet meer beplant . Alle dagen deed er iemand een totale ronde in de lege ruimtes om de temperatuur te meten , bij 5°C werd er wat vuur gemaakt zodat de vrieskou geen vat kreeg op de toestellen.
Bert met Rik waren op het dak en hadden heugelijk nieuws voor hen.
' Joh de mannen , vandaag ijsvrij en de zon geeft al wat warmte.
Wel nog wat lichte sneeuw, maar op dit ogenblik geen vries.'
Beter nieuws hadden ze niet kunnen krijgen. Heinz controleerde snel de energie meters.
'Dat komt goed, de batterijen krijgen al stroomstoten. Joepie gestrand op 15%, de gasflessen ongeveer hetzelfde. Patje we moeten toch de Rik zijn gedacht volgen , we hebben geluk dat je voorraad zo groot was anders hadden we problemen.'
' Dat is al geplant, we kopen zoveel mogelijk petroleum op en schaffen vuren aan. Bert gaat in een liftkoker stellingen bouwen, daar kunnen heel wat 20 L petroleum vaten gestapeld worden.'
' Halo ! Leven jullie nog ? Of ben je doodgevallen van geluk?'

Bert riep ze opnieuw op , waardoor de euforie snel bekoeld Was.

' Zeker weet ik het niet , maar aan de dorp oever staat er volgens ons enen met een witte doek te zwaaien . Zijn wij in oorlog , of zo ?'

Verwonderd reed Patrick naar de living , waar hij Melissa met Assam voor het schuifraam zag staan.

' Spijtig hé Patje , het sneeuwen is gestopt.'

Hij opende het raam om het terras op te rijden, nam de verrekijker uit de tas en keek naar de overkant.

Twee figuren stonden inderdaad aan de watergrens met een vlag te waaien.

' Assam , jouw ogen zijn jonger , kijk jij eens .'

' God zie nu , dat is de witte spinnenkop met denk ik een vrouw.'

'Spinnenkop ? Ken je die man ? '

' Wie niet Patje , heel Hoboken kent die , zo zot als een achterdeur en gewelddadig. Ze zeggen dat hij zijn eigen moeder verkracht heeft , ik persoonlijk geloof daar geen bal van.'

Kim die in de keuken brood stond voor te bereiden , bleef stokstijf staan, draaide haar hoofd en kwam naar het terras.

' Geef me dat ding eens. Als dat dezelfde klootzak is , ligt hij subiet plat.'

Haast niet in staat haar emoties te beheersen, aanschouwde ze het gelaat van de man.

' Verdomme, dat is hem . Waarom staat die klootzak met een wit vlag te zaaien ? Ik maak hem af met een bot mes.'

Zonder dat hij wist waarover het ging vervolgde Assam zijn uitleg.

' Die werkt nu voor de zeeman. Vraag nu niet hoe ik dat weet het zijn concurrenten van iedereen en alleman. Drug , wapens hoeren noem maar op.'

'Wie is die zeeman , weet je zijn naam ? Waar woont hij ?'
Assam was verrast door de haat in haar stem, en trok zijn schouders op.

' Geen idee op je beide vragen . Maar zal ik eens tot ginder gaan? Hij kent me, misschien krijg je dan je antwoord.'
Kim ging naar de wapenkast om het geweer te nemen , doch Patrick was er sneller om haar tegen te houden.

'We gaan geen oorlog ontketenen Kim. Assam kan naar daar gaan. Daarna zien we wel wat we moeten doen.'
Woedend keek ze hem aan :' Wat ! Ben je gek , of wat .
Die sloeg me neer , beroofde mij , schoot Monica omver en verwonde Bass. Moet je nog een reden hebben?
Patrick deed maar of hij de belediging niet gehoord had.

'Jij blijft hier, en houdt die beide onder schot. Het is misschien de enige keer dat we gratis informatie krijgen.'
Met tegenzin knikte ze van oké , ze keek even aan de kapstok naar geschikte kledij , nam een mouwloze parka, liep naar de stoelen waarvan ze twee kussens nam , pakte het geweer uit de kast en ging zich op het terras instaleren. Eén kussen op de grond voor haar knie het ander als drager van de loop.
Door het telescoop werd de man plots duidelijker dan door de verrekijker.
Ze snoof hard haar neus en zette zich terug recht , klaar om

Assam steun te verlenen. Twee skiër liepen naar het dorp toe wat haar verraste, ze draaide zich om en zag dat Melissa ontbrak.

'Patrick , was dat nodig? Moeten er twee sterven als die zot ginds niet doet wat jij denkt.'

Omdat ze Patrick zei wist hij dat ze nog boos was.

'Haar eigen voorstel. Het is hier geen gevang, de mensen mogen doen wat ze willen.'

Even later zat ze terug op haar knie haar adem te controleren.

'Kom gast beweeg eens verkeert , doe me eens een plezier.'

Assam stopte voor de man en schudden hem de hand.

Patrick zat naast haar, de walkie talkie kraakte wat haar deed omkijken.

'Effe meeluisteren kan geen kwaad dacht ik.'

' Zo Assam, hebben jullie die tent overgenomen. Dat is goed.'

' Neen André, wij zijn daar gasten. Zeg het eens vent , waarom sta je hier met een beddenlaken te zwaaien ? Luister eerst eens, jij kan daar niet komen, als je dus asiel komt vragen vergeet het.'

' Niet overgenomen, dus ben je vaandelvluchtig ! Dat zullen je oude makkers graag horen. Maar ik kom niet voor mezelf, maar voor Laura. De zeeman wenst haar dood , helaas vindt ik zoiets stom.'

Twee klikken deed Assam de zender veranderen naar ontvangen.

Een bitse stem deed ze luisteren.

'Hé klootzak ! Ken jij die zeeman zijn naam, en waar die

woont.'

André 's lach klonk luid en duidelijk.

' Ah mevrouw Mark woont daar dus toch, goed dat Mark me dat niet vertelt heeft. Ja het blijkt je man te zijn , dat weet Laura van hem.

Maar ik heb ook een leuke voor de eigenaar. Mark heeft Laura verwisseld voor zijn ex zwarte doos. Dus daarom moet Laura dood , ze weet teveel.'

Een vloek naast haar maakte alles duidelijk. Kim riep naar hen.

'Assam ga eens enkele stappen opzij, ja okè ver genoeg.'

Ze zette zich schrap: ' Hé moordenaar, zie je dat verkeersbord met voorrang teken, kijk goed, midden erin.'

De knal kwam even later doch de klap waarmee de kogel het signaal doorboorde deed hen alle vier schrikken.

Een duimdik gat was perfect in het midden verschenen.

'Hé moordenaar , dit is de enige en laatste keer dat ik jouw kop ga sparen , de volgende maal zit er een stuk lood in . Begin nu eens te antwoorden.'

Uit pure angst stak André zijn handen op.

'Assam zeg haar dat Laura meer weet dan ik, neem haar mee ze verdiend het.'

'Breng haar mee , het is te koud om lang buiten te flaneren . Ik verbreek .'

Patje zat bedachtzaam naar de ijsvlakte te kijken, de drie mensen die terugkwamen merkte hij zelfs niet op.

' Is dat mogelijk, zitten we in een TV soap ? Verdommen Micha, hoe dom kan je zijn .'

Kim had wapenkuisgerief uit de kast genomen en zat aan tafel het wapen te reinigen.

Bij het eerste teken dat de veiligheidsdeur openging liep ze naar beneden.

Drie bevroren figuren kwamen binnen gewaggeld. De nieuwe vrouw stopte bij haar verschijningen, bekeek Kim van boven tot onder. De ogen dacht Laura , ze verraad zich door haar blik, zoveel haat.

' Gegroet Mevrouw , jij moet Kim zijn . Aangenaam.'

Compleet overdonderd door Laura wees ze naar een deur.

' Kom doe die rommel uit, je krijgt warme kledij.'

Laura volgde haar denkend dat hier haar eerste controle kwam.

In de oude slaapkamer lag en hing het vol met kledij , met kies maar stapte Kim opzij.

Omdat Laura er toch niet tussen uit kon , trok ze de ijskoude kleren uit om die te verwisselen met droge sportkledij met bloes.

'Mag ik Laura zeggen ? Kijk hier vrouwen benodigdheden , als je proper ondergoed of maandverband wil , je neemt het maar naar behoefte. Boven kledij kan een spatje verdragen.'

Plots moest ze aan haar debuut in het blok denken, waardoor er een zachtere gloed in haar ogen kwam.

' Sorry voor het brutaal onthaal, maar gekken hebben we hier genoeg. Komaan de andere druipen al van nieuwsgierigheid.'

Door het vriendelijk onthaal door allen, en de warmte begon Laura te zwijmelen.

' Excuseer , maar mag ik gaan zitten? '

Myrthe gaf haar een tas met Oxo , wat ze begerig aannam en zo vlug mogelijk opdronk. Allen wachtte tot de vrouw klaar was om te praten. Bert kwam bij Kim staan, hij legde haar handtas op tafel.

' Niks te vinden zelfs geen Gsm.'

Hoe ze ook probeerde om nu een goede indruk te maken , toch deed de weldadige warmte van de haard Laura indoezelen.

'Ook goed , dan wachten we wel, en eten onze teennagels op.'

Patrick reed naar de controlekamer om de storm in zijn hoofd op orde te brengen. Tenslotte kwam hij op de enige en simpele uitleg .

< De zeeman wil weten met hoeveel we hier zijn , en hoe we het volhouden. Dat is dan dikke pech , Micha was al lang vertrokken .>

Het duurde meer dan een uur vooraleer Laura terug tot de wereld   behoorde. Ze bemerkte dat er nu meer mensen aanwezig waren dan bij haar binnenkomst.

'Welkom in onze stal' Patrick zat in zijn elektrische stoel. Volgens Heinz kon dat al . Er was al wat volt bijgekomen in de batterijen.

Ze wist plots wie hier de leider was, alhoewel zijn houding vriendelijk was , zijn doorborende blik vertelde wat anders

' Ze noemen me hier Patje uit onbeleefdheid, precies of ik dik en lelijk ben. Laat me je de bewoners voorstellen, en dit zijn ze allemaal en geen meer.'

Laura groette ze één voor één met een handdruk om zo hun

aard te kunnen inschatten.

'Laura! ' Kim stond recht :' zeveren kan je de rest van je leven, maar nu moet je ons de waarheid vertellen.'

' Geen probleem , ik ben al gelukkig dat ik nog leef .Vraag maar. Ik wil wel eerst vertellen wat ik zoal weet dat voor hier belangrijk kan zijn. En ik weet het, je wil wat over Anna weten. Die is in volle gezondheid daar zorgt Mark wel voor, ze kan bijna niets misvragen.

Mijn kleine vriendin wordt vertroeteld.

Mark verried zich na teveel Whisky , zowat een fles per dag. Hij vertelde me jullie verleden, en eigenlijk kon het me niks schelen , ik was zijn meisje en daarmee uit. En ja Patje, zijn nieuw lief heet Micha . Ik kon dat niet hebben, en ben weg gegaan. Daarmee zette ik mijn doodvonnis inwerking, gelukkig was André voor één keer een brave.'

Ze keek de kamer in , en besliste voor haarzelf dat ze alleen de waarheid zou vertellen.

'Ik besef ten volle dat jullie nu de meest wantrouwige gedachten hebben. Laat me dus mijn verhaal doen, en stel later vragen.'

Laura wist uit ervaring dat allen voor zich nu een score van 1 tot 10 opstelde.

' Primo! Ik heet Laura Smekens en ben van beroep of was psychologe bij de arbeidsdienst en het hoger gerechtshof. Na de dood van mijn man door honger, kwam ik Mark tegen , die mij een nieuwe toekomst gaf. Wel mondje toe is daar de hoofdregel. Voor de rest is het een hoop miserie en tanden bijten.'

Ze bemerkte dat Kim haar koffietas nu eens links dan rechts draaide.

< Ah , die verraad zich . Links is oké , rechts is fout.>

< Goed ik ga hier geen leugens vertellen de meeste zijn brave gewone burgers, gelukkig kan niemand in mijn hoofd kijken.>

Kim keek haar vriendelijk aan terwijl ze even van haar koffie nipte.

< Hebbes! Mijn ondervragingstruc werkt ook bij een psychologe. Ze denkt dat ik haar niet doorheb > .

In beide vrouwen hun hoofd woede een enorme chaos , woest op elkaar en dankbaar voor ieder spotje vriendelijkheid.

'Kim zoals ik zei , niemand met wat ook zal je Anna pijn doen.

Er was ooit een type in zijn groep die wat seksuele praat tegen haar verkocht, het enige dat Mark toen zei, ze is maar tien. Daarna heb ik die man nooit meer gezien. Maak je eigen idee daar maar over.'

'Al goed. Je probeert het hier mooi te verkopen , toch speelde je daar de hoer om wat sla.'

Een glimlach met een snikkend geluid was het antwoord.

'Hoeren ! Neen die zijn er voldoende in de zes flats. Als zijn vrouw moet je het er maar bijnemen, en daarom Kim wil ik je een goede raad geven. Je ontploft bijna om wraak te nemen en om Anna terug te krijgen , wacht tot het beter weer is. Dan zijn hun simpele hersenen bezig met malafide zaken. Nu zit het gebouw vol met trouwe zwaar bewapende lui, die alleen trouw aan geld en eten zijn en nu niks om handen hebben dan door de ramen te kijken.'

Die zat, dat zag ze wel bij alle aanwezigen. < oké de simpele zullen de aarde erven. Laura! Toch even niet te ver gaan met afbreken . >

' Als je nu een adres voor me hebt, zal ik wel uitmaken hoe ik het oplos.'

'Je luistert niet mevrouw. Hij bezit zes flats in een blok, hoe ! Dat moet je hem vragen. Wat wel een feit is, is dat hij overal slaapt. Door alcohol of door neuken met één van zijn gekochte meisjes. En dan spreek ik van jong tot juist volwassen. Je kan van buiten uit nooit zien waar hij verblijft. De andere flats ! Wel daar verblijven steeds zijn macho's , een dertig tal, of hoe hij toch meer angst dan moed heeft. In de wijk wonen nog wat aanhangers ,'t ja gemakkelijk geld verdienen daar zijn weinig mensen vies van'

' Dames ! ' Patrick hief zijn handen op.:' wordt dit jullie privé oorlog ? Kim geef Laura toch wat krediet. Wat daarbuiten gebeurd, daar hebben we gelukkig niet veel last van.'

'Toch nog even een nadenkertje ! Mark verkocht de laatste tijd opmerkelijk veel wapens aan de mensen van de zuidkant. Die hebben het idee zei hij , dat jullie hier een onmetelijke en een nooit te stoppen voedselbron hebben.'

'Ghali ! Is die zot nu toch bezig met zijn eigenzinnig idee om een Getto voor alleen moslims te bouwen? '

' Daar kan ik helaas niet op antwoorden Assam. Ik weet ook niet of ze jullie bedreigen , ik geef het maar mee.'

' Kim , in mijn handtas steken twee foto's met Anna erop , je mag ze hebben. Jij bent tenslotte haar moeder.'
Wat later had ze de foto's met bibberende handen vast.

Anna met Laura waren samen scrabble aan 't spelen, op de andere zaten ze lachend in een zetel.

Verwonderd staarde ze naar een meisje wat ze bijna niet herkende.

< Verdorie , is het al zolang geleden dat ik haar zag > dacht ze met moeite haar tranen tegenhoudend.

'Dank je Laura . Hoe lang is het geleden ? Ik maak uit het spel uit dat jullie ook haar leertijd niet vergeten zijn. Bedankt. Ze is nog steeds even mooi.'

'Twee weken, niet meer. En geen dank.'

' Hé Lara Croft mogen wij ook eens kijken ? Hopelijk is ze veel mooier dan jij.'

Monica stak haar hand uit: ' Kom meid , je krijgt ze zo terug. En jank niet, ze leeft en is dichtbij. Als je nu nog luistert naar wijze raad komt het goed.'

Toch kwamen de tranen :' Ja maar ik herkende haar haast niet. Ik schaam me diep Laura.'

' Een volledig terechte reactie, daarom zetten mensen die een geliefde verliezen ook overal foto' s en dergelijk neer uit angst het gelaat te vergeten.'

Kim knikte Laura toe dat ze het begreep. Ze stond op, liep naar haar en kuste ze op de wangen .' Dank je, wees welkom.'

De laatste zweem van angst verdween als sneeuw voor de zon bij de nieuwe bewoonster.

' Er steekt ook een visitekaart in de tas met zijn adres op. Neem maar, mij zien ze daar nooit meer, 't is hier veel te leuk bij de openhaard .'

'Wacht tot je als werkmens ingeschakeld wordt , we hebben

nog een stront schepper nodig .'

Bert zijn buik schudde van het lachen bij de verwondering op haar gelaat.

Kim zat al voor een computer naar Google Earth te kijken . Een rij huizen trok haar aandacht waarvan ze het beeld in en uit zoemde.

Allen keken nu naar een vrouw die plots een andere uitstraling had.

Rik kreeg een rilling over zich: ' Brrr die bestaat uit vloeibaar lood.'

Zonder op de aanwezigen te letten verwisselde ze de PC voor een tablet en ging er mee naar de fitness ruimte.

' Hebben we hier een jogging maat S ? Een sluitende vest zou ook leuk zijn .'

Daarna stapte Kim de zaal binnen , waar ze een dikke zucht liet van de spanning. Het tablet kwam op de loopmachine te liggen waarna ze daarop een loopprogramma startte.

' Kom op luiaard, genoeg genietnut .'

Gekkenwerk

Ghali had verwonderd staan kijken naar de aanwezigen die met zoveel waren dat de moskee propvol stond.

De Iman was er ook , hij was in een rolstoel tot daar gebracht en zat nu onderuitgezakt in de zetel droevig naar de mensen te kijken.

Ghali had al een uur met de mensen liggen discuteren, soms

met succes maar er waren tegenstanders genoeg om hem van een vlotte zege te weerhouden.

Wisten die nu niet dat er ergens eten in overvloed was, je moest het gewoon bezitten.

Een stem achteraan had hem doen verstijven, zo erg dat het plotseling stil werd in de zaal. Een vrouw boorde zich door de massa tot vooraan , wat een gemompel veroorzaakte want zoiets was wel ongezien in een Moskee. Een vrouw vooraan dat zou ongeluk brengen, maar iedereen kende haar als : De Vroedvrouw.

Ze liep tot de Iman en fluisterde hem wat toe , waarop de man ja zei.

Ze reed de invalidekar voor, en zette de heilige man erin, daarna stak ze haar vinger op.

' Ghali en al zijn kornuiten die denken dat ze met geweld en niet met arbeid aan eten gaan geraken ! Wee jullie. Hadden jullie in plaats van overal te luieren en de grote Jan uit te hangen , je ouders geholpen om groenten te kweken , dan zou je nu niet staan blèren omdat anderen slimmer waren.'

Ze richtte zich naar de zaal :' En jij mijn zoon, gaat nu mee naar huis of je komt er nooit meer in .'

Ze wou zich verwijderen maar een harde lach hield haar tegen.

Alle hoofden draaiden zich naar de lacher, die nu uit de schaduw trad.

'Hahahaha, hé wijsneus ! Je staat hier al een uur zever te verkopen maar je bent wel uit gemakzucht enkele zaken vergeten te vertellen.'

Mho stond in het midden van gang en wees naar Ghali.

'Meester in de grootspraak juist zoals in't school. Examen door anderen laten schrijven, en zelf zijn naam niet foutloos kunnen schrijven.'

Mho wist wel dat dit een grove belediging was , doch ging verder.

' Hé hele slimme , ben je al eens tot aan polderstad geweest? Er staat al water op het ijs. Grappig hé, niks te schaatsen meer, of er moest een nieuwe sport ontstaan zijn. Schaatsend zwemmen of zo.'

Een gegrinnik vertelde Mho dat er nadenkers in de zaal zaten.

'Ik vernam dat er wapens aangekocht zijn, zwaar oorlog geschut. Proficiat. Weet er hier iemand hoe je dat behoorlijk gebruikt? Volgens mij probeerden alle Moslims van de legerdienst ontslagen te worden.'

Ghali wou antwoorden, maar werd door een man die voor hem zat tegengehouden: ' Laat Mho praten.'

' Maar vriend ! Het voornaamste ben je vergeten . Er zit daar een sniper. Voor wie dat niet verstaat! Dat is iemand die van op een kilometer ver met een geweer het wit uit je ogen schiet en dan rustig herlaadt.'

' Onnozelaar zoiets bestaat alleen in Die Hard films.'

Ghali nam opnieuw het voorhand.

'Mho volgens mij ben je een Snout, een snotneus die teveel verkeerde boeken leest . Lees de koran eens, en niet de bijbel.'

'Vriend , heb je ooit al van de spinnenkop gehoord, ja hé. Als je morgen of zo nog een wapen bij hem koopt, vraag dan eens naar het verkeersbord. Je zal verrast worden waarvoor die dingen ook kunnen dienen.'

Mho richtte zich tot de luisteraars :' Mensen die schutter schoot vanuit het waterhuis tot aan de ijskelder een gat in een verkeersbord , wel met de woorden in't midden. Ga meten, het scheelt geen centimeter.'

Even keek hij rond om het effect van zijn woorden in te schatten.

'Als je toch gaat, denk dan dat je echt gekkenwerk verricht, zonder resultaat of voor sommige een toekomst. Trouwens ze hebben daar ook bijna geen voorraad meer . Ik sprak.'

' Mho vent ! Jij bezit zeker een glazenbol zodat je dat allemaal weet ?'

' Neen, maar weet je nog dat jullie mijn neef Assam hebben weg gestuurd ? Wel hele slimme, die woont daar ook, samen met zijn schoonouders. Moet je nog iets weten ?'

De vroedvrouw vond dat het genoeg was en reed naar de uitgang.

'Wacht, ik ga mee. Kom ik duw wel'

Mho nam de wagen over, samen liepen ze de moskee uit.

Het was of als er elektrische schok door de zaal ging. Plotseling begon de zaal leeg te lopen, de mensen kozen voor de honger in plaats van de dood.

Boos volgde Ghali de terugloop van zijn luisteraars , hij wees naar enkele trouwe aanhangers.

' Laat ze maar gaan , dan hebben wij meer. Niks krijgen ze van ons.. We gaan weldra als we kunnen varen.'

Een buurman was zijn hond aan het uitlaten, en stond verwonderd naar al dat volk te kijken.

Hij stak zijn hand op naar de Iman.

Die vroeg om even bij hem te stoppen .

' Dag pastoorke. Ben je niet verkeerd ? Nu al gaan bidden, het is nog maar Woensdag?'

' Jean man , enkele van mijn stal zijn gek geworden. Helaas heb ik geen vat meer op die warhoofden. Dag beste buurman ik ga me laten binnen rijden, 't is veel te koud. Hopelijk heeft mijn madam nog lekkere rotte bieten soep.'

Lachend reden ze verder en hoorden Jean zijn antwoord niet.

' Altijd beter dan geweekte honden koeken met een ¼ ei.'

Op zoek

Alle dagen ging Kim tweemaal voor een uur naar de gym.

De vrienden merkten na een tijd de lichamelijke verandering, geen spatje vet of loshangend vel was er nog te bespeuren bij haar.

Bert was vandaag als eerste op, het was zijn beurt om de openhaarden aan te maken. Verwonderd zag hij haar gekleed in een spannende jogging met een sportbeha op handen lopend uit haar kamer komen, en zo naar de sportzaal verdwijnen. Hij schudde zijn hoofd met de gedachte dat zoiets best raar was, maar zolang ze haar taken volbracht had er niemand wat over te zeggen.

Gedoucht kwam ze steeds op tijd om mee te ontbijten.

' Hoy , ik heb een vraag . Hoe geraak ik in Antwerpen ?

En kan iemand me op de oever afzetten , ik wil geen jetski of wat verliezen door diefstal.'

'Als ik zo nieuwsgierig mag zijn , wat ga je daar doen?'

' Patje het wordt tijd voor wat nieuwe jarretels, en ander vrouwen ondergoed.'

Direct waren de vrouwen aandachtig. Myrthe schreef snel haar maten op en gaf het briefje aan haar, wat vlug door de anderen dames gevolgd werd.

Bert stopte even met eten om de tafel rond te kijken.

'Vrienden mannen, dat heb ik nu eens nooit begrepen. Eerst kopen ze sexylingerie om de mannen te verleiden, ook liefst zo duur mogelijk . En dan doen ze daar zonder moeite een halve kleerkast kledij bovenop aan.'

Voor er iemand kon antwoorden, was hij al verder bezig met het verorberen van zijn spek met eieren.

' Juist Bert , en als je het mag zien, hang je voor de rest van je leven' Rik moest zich omdraaien om niet te lachen : 'zo dus Assam pas op , die niemendallen veranderen je leven.'

'Oh geen angst Rik, dat kan bij ons niet gebeuren' Assam wachtte even tot allen hem vrolijk aankeek:' Melissa draagt geen ondergoed.'

'Daar zie, hun dag is goed. Bert tot de volgende ijstijd geen seks meer.'

Hij keek Caroline met een pruillip aan:' Oei ! Krijg ik dan nog wat ei?'

Nu ze allen in een prettige sfeer waren zag Kim de kans om haar spel te voltooien.

'Nog een vraag. Wie kan me wat geld voorschieten, ik betaal later wel terug? Ik wil ook wat persoonlijks voor me.'

Ze wierp een notaboek op tafel : ' Schrijf die van jullie ook maar op.'

'Mag ik mee ?' Melissa wachtte even op het antwoord: ' met twee shoppen is veel leuker. En we kunnen papa's creditcard gebruiken, die weet toch niet wat hij met al dat geld moet.'

Vloekend verliet Heinz de tafel om naar de controlekamer te gaan. Wat later gaf hij zijn card aan zijn dochter.

'Hier en doe niet alles op aan pisbroeken. Kleed je deftig 't is 5 °.'

Kim trok een parka met een binnenzak aan, waarin een Glock verdween . Ze gaf Melissa met de woorden ' je weet nooit ' een kleine revolver die dat ding aarzelend aannam.

Beide vrouwen werden door Assam naar de oever gevaren.

Patrick keek hen na :' Wil er iemand wedden om een verse sinaasappel dat ze langs de flats gaat.'

Niemand reageerde , dus dachten ze allen bijna hetzelfde.

Op de oever speurde Kim naar onraad , maar zag niets wat haar alarmeerde.

' Oké meid jij kent het hier , leidt ons naar alle bekoringen.'

'Laten we de tram nemen, als hij rijdt.'

'Melissa kunnen we geen taxi nemen voor een dag? Dan moeten we de pakjes niet meezeulen .'

Die was snel gevonden. De enige beperking zei de man , is dat niemand Antwerpen in mag met gemotoriseerd vervoer.

Het is stoppen aan de ring, daar kan je wel ander vervoer huren.

' Prima , dan kom je ons later maar ophalen. Maar Meneer wil je wel langs de Lage weg rijden, ik wil mijn oude buurt nog eens zien.'

Melissa schrok van het voorstel < Die is niet goed bezig, wil ze zich verraden? > Toch zweeg ze en liet de leiding aan Kim.

Van veraf wist Kim al waar de flats waren . Vier mannen zaten aan de overkant van het straat in de zon te kaarten. Terwijl de taxi voorbijreed hadden ze hun handen al onder hun jas.

Ze probeerde het gebouw te bekijken, doch de snelheid lag een beetje te hoog.

Ze hoorde de chauffeur zijn neus opsnuiven < met krapuul > wisten de vrouwen dat ook hij niet tevreden was met hun aandacht.

De rit verliep vlot, om aan de ring te eindigen.

'Tot straks , hier al 100€.' Waarna beiden de brug overstaken.

' Straf hé. Vroeger stonden hier dagelijks files, nu worden er watersporten beoefend.'

' Ja meisje, de mens is flexibel, zo goed zelfs dat hij de aarde verwoest heeft , of toch goed bezig is.'

Aan de overkant stonden allerlei kraampjes waar naast een beetje voedsel ook snuisterijen en vervoer te huur / te koop was.

Ze besloten om een kleine stadswagen op gas te huren.

Melissa die als enige papieren had moest rijden .

' Naar de Oudaan. Ik heb wat vragen voor de heren .'

Melissa stuurde het voertuig vlot naar de toren , waar ze gewoon achter een politiecombi parkeerde.

' Ga je mee of blijf je hier ?'

'Hahahaha , dat wil ik voor geen geld missen.'

De wachtmeester knikte naar de vrouwen, en legde zijn

Sudoka boekje neer om recht te staan.

' Vertel het eens , met wat kan ik je van dienst zijn ?'

' Goede morgen, ik zou graag een nieuw paspoort hebben. Het mijn is verdwenen in de storm.'

' Juffrouw! Dan moet je op het gemeentehuis van je dorp zijn.'

' Meneer voor je verder gaat ! Type dan deze gegevens even in op je PC.'

De man keek haar aan, doch type de gegevens over van het blad.

Wat later salueerde hij haar:' Excuseer Luitenante maar dan moet je boven zijn . Ik bel de chef, ga maar naar het 2de . Met de trap , de lift doet het niet.'

'Zeg weet je hoeveel verdiepingen hier zijn ? Gelukkig moeten we niet tot boven.'

'Een beetje geluk hoort er bij Melissa, kom voor de chef verdwijnt.'

Een man in uniform stond al te wachten, Hij wees naar het kantoor waar de vrouwen het zich gemakkelijk maakten.

'Gegroet ! Als ik het goed begrepen heb wou je een nieuwe dienstkaart? '

Ze gaf hem het papier , wat hij vlot controleerde.

'Waar is je vorig?' 'Wat denk je zelf ? Gaan zwemmen en niet teruggekomen.' 'Je wapen en badge? ' ' Badge zat in mijn handtas, mee gaan watertrappen , het pistool ligt thuis in de kluis , als mijn man het niet meenam ?' ' Hoezo meenam , is dat ook een agent? '

'Neen, ook weggejaagd door wat teveel water.'

Kim zette zich recht om de volgende vragen aanval te beantwoorden.

' Ik heb eigenlijk een vraag , weten jullie waar hij woont ? '

Ze reikte opnieuw een bladje uit de notebook aan , met de namen van dochter en man er op.

'We zullen dat eens nakijken als er tijd is, onderwijl zal je ID kaart wel bijna klaar zijn.'

Kim glimlachte:' Dank je wel, dat is snel. Niets zo ongemakkelijk om altijd je naam te moeten bewijzen.'

Buiten gekomen kon Melissa haar nieuwsgierigheid niet meer inhouden.

'Zeg hoe doe jij zoiets? Gewoonlijk wordt je binnenste buiten gedraaid.'

' Hij heeft gans mijn diensttijd gezien, en weet dat ik een beetje katachtig kan overkomen. Trouwens mijn rang is hoger. Kom op naar de ijzerwinkel.'

Melissa kreeg ook een papier toegestopt.

' Oh dat is niet ver, we kunnen te voet gaan.'

' Nietwaar , we moeten teveel aankopen. Rij maar.'

De messenwinkel was gesloten , toch sloeg Kim tegen de deur tot er een wat te magere man verscheen. De Riotgun was veel te groot voor hem , toch was de dreiging groot.

Kim liet haar ID zien: 'gegroet meneer, mogen we binnenkomen?'

Nog steeds onder dreiging van het wapen opende hij de deur.

' Kom in , let op we hebben bijna niets meer en aankopen doe ik niet meer . Niemand is nog geïnteresseerd in een goed keukenmes.'

' Wij wel. Wat heb je hier wat als super kan genoemd worden?'

'Geen Japanse bazaar , wel Solingen.'

'Oké geef me twee volledige sets, bijl en wetijzer inbegrepen.'

' Hebben jullie daar wel geld voor ? Wel graag cash.'

' Kan niet, of je moet straks mee naar een bankautomaat. Doe er maar wat aardappelschilmessen bij .'

Terwijl de man het gevraagde uit het magazijn haalde , bekeek zij de dolken en ander snijgerief.

'Wat voor stiletto of commando mes heb je te koop. Ik wil ook twee vlindermessen. 20 meter Klimtouw en vijf scheermessen met mesjes en borstel. Als laatste een vlinderscheermes , en alles in je beste kwaliteit. Hopelijk zijn ze gelukkig met hun cadeau 's. '

De man maakte de rekening en keek een beetje angstig naar de vrouw.

'Mevrouw ik doe er gratis wat dunschillers bij, gewone kwaliteit. De prijs voor alles en wij doen er een % af , bedraagt 7560 € en dat is mijn beste prijs.'

' Ja dat zal wel ! Melissa betaal eens, dan kan meneer straks uit eten gaan.'

Na betaling nam Kim de kaart over.

' Beste man vertel mij eens waar je dat verboden wapen gehaald hebt ? 1000 € voor het adres.'

De winkelier twijfelde , maar dat was veel geld voor niks , want als ze niet binnen mochten was het zijn fout niet. Dat zei hij haar.

Een simpel kaartje met zijn naam en het gevraagd adres werd haar buit.

Ze betaalde, waarna de presentjes in de koffer belanden. Melissa ving de rit naar het Falconplein aan.

' Jawadde ! Zeg Kim hopelijk schiet mijn vader je niet dood. Smijt jij altijd zo met geld? Dat vlinderscheermes , niemand gebruikt dat. Pa zegt dat de meesten na één keer de schuif in belanden. Teveel weggeschoren huid.'

' Maak je geen zorgen , dat zijn echt cadeaus . Dat mes is voor mij, ik scheer mijn poesje daar met . Zalig in schuimen en dan heel voorzichtig scheren , dan heb je geen man nodig.'

Giechelend werd de volgende afstand afgelegd .

' Wacht hier met de motor naar het straat , zet de motor niet af.'

Ze belde aan, waarna vlotte stappen een fit mens aankondigden.

' Goede middag mevrouw met wat kan Ho-Yan je van dienst zijn?'

Hij kreeg het visitekaartje en gebood haar binnen. ' Volg me .'

Een hipper modern interieur waar een jonge vrouw aan tafel een doek zat te borduren, was wat ze aanschouwde.

' Zet je , en zeg het eens ?'

Opnieuw kwam het boekje boven, ze gaf hem het blad.

Ho-Yan las het tweemaal en krabde in zijn haar.

'Mevrouw , wie vertelt je dat ik zoiets in huis heb ? Ga je een privé oorlog voeren? Dat zal je trouwens wat kosten .'

'Dat is het probleem meneer, ik heb geen geld , nog niet . Daarom maakte ik deze schuldbekentenis, je vult de prijs maar in. Ik betaal je later.'

' Als je overleeft toch. Mag ik ook weten wie jou zou pijn deed dat je half Antwerpen gaat opblazen.'

Kim wist dat ze moest opbiechten zonder al teveel te verraden.

' Oh ! Gewoon mijn man, die ik al zoek sinds de zondvloed en die mij weerhoudt om mijn dochter te omhelzen. Vinden doe ik de zeeman wel meneer. Ik heb goede vrienden.'

Ze liep haar ID zien waarop er plots twee pistolen op haar gericht waren.

'Geen angst meneer de enige die moet schrikken is hij. Als ik hier buitenstap weet ik je niet meer wonen.'

'Als ik het goed begrijp moet ik je wat schietgerei enz gratis bezorgen. Om een verzorgende vader te doden , ik moet nadenken.'

Hij zei wat tegen de vrouw, die opstond om voor een tas thee te zorgen. Hij begon te telefoneren waarvan ze geen woord verstond, toch bleef ze rustig zitten wachten. Ho-Yan zou haar allang gedood hebben moest het aanbod niet aanlokkelijk zijn.

Een half uur later kwam een Aziatische jonge man met een blij gezicht de kamer in en zette een grote sportzak naast haar.

Ho-Yan kwam bij haar zitten en keek haar in de ogen.

'Als je ID juist is ben jij Kim Claes. Wel mevrouw Kim, mijn partners geven je het voordeel van de twijfel. Je krijgt de sportzak mee, slechts één keer. We verwachten natuurlijk dat jij komt betalen, wel binnen een jaar. Het staat zo beschreven.'

' Wees wel voorzichtig met de zeeman. Dat is een man buiten categorie.'

Hij verdween samen met de vrouw achter een scherm,

waardoor de onderhandelingen voorbij waren.

Ze moest even slikken . Hoe wist die spleetoog nu wie Mark was? Dit wordt een puur eigenbelang situatie .Verdomme die spannen me voor hun kar, en doen waarschijnlijk achteraf goede zaken.

Ze nam de zware sportzak en liep naar buiten waar Melissa zenuwachtig zat te wachten.

'Ziezo meisje nu kleren kopen.'

Melissa volgde de schelde kade tot waar ze naar het centrum kon rijden.

' Stop ! Stop onmiddellijk. Zie Melissa.' Kim stak haar hand uit richting een wafelbakkraam: ' kom smullen.'

Melissa nam twee pannenkoeken met siroop , Kim een grote wafel met chocolade en slagroom: 'Whaaa, ik kom hier wonen, Godverdomme dit is lekker.'

Ze gaf de man 50€ :' Als ge de volgende met betere bloem maakt , betaal ik dubbel.'

'Helaas mevrouw, beter bestaat er niet . Ik doe mijn best, wel bedankt met je gul bedrag.'

'Jij kan toch geen honger hebben , je hebt eten te verkopen. Kom bak er nog een.'

De jonge man zette zich aan't werk om een zo lekker mogelijk wafel te bakken.

' Je vergist je mevrouw , ik sta in loondienst , het deeg is gewogen niks teveel voor mij en mijn kinderen. Helaas het kan verkeren.'

' Wat bedoel je ?'

' Ik was bijna opgeklommen van sou-chef tot chef , helaas dat klote weer heeft het verbrod.'

' Jongeman woon je ver? Haal je gezin , laat dit krot staan en ga tot aan de kielbrug. We pikken je straks op , eindelijk iemand die kan koken voor ons. Geen uitleg , beslis zelf maar.'

Kim nam de wafel aan en stapte naar een vrouw die een buggy voortduwde. Ze keek of er een kind inzat, en gaf de wafel aan de vrouw .

Met ' smakelijk , wel delen ' liep ze terug naar de auto.

' Kim ! Heb jij ooit al eens bij een psychiater geweest? Weet jij wel wat je allemaal uitzet? Ze gaan je niet dankbaar zijn als je heel Antwerpen meebrengt. En wil je nu eens vertellen wat er allemaal ligt te rommelen in die sportzak.'

Kim boog naar haar en fluisterde in haar oor: ' Vibrators en tepelklemmen . Wees zo curieus niet.'

De binnenstad was snel bereikt, Melissa was aan 't zoeken naar een parking .

' Stop zet je hier .' 'Dat is een blauw vak.'

Kim wierp haar ID zichtbaar op het dashboard.' Ik zei hier, hij die mij beboet zal wat minder verdienen. Hier.'

De volgende uren was een belevenis voor Antwerpen.

In alle shops lieten beiden een briefje aflezen, al wat er op stond en aanwezig was verdween in zakken. Verwonderde verkoopsters haalden bijna letterlijk rekken leeg, met een goed drinkgeld voor hen.

'Parfum ! Maar schatje ! Je bent niet de enige die graag duur water ruikt? Kom we plunderen daar die winkel.'

Ze stonden na de aankopen bij de wagen : ' yep ons kar is wat smal bemeten, of jij Melissa hebt teveel gekocht .'

Een lachbui deed de passanten omkijken.

' Huur er nog één, jouw superpas opent deuren.'

Melissa reed als eerste, op de staart gevolgd door Kim. Aan de Kielbrug moest alles overgeladen worden in de taxi. De man stond als verwezen naar de pakketten te kijken.

'Dames , zou je niet beter een transporteur huren?'

'Weet je wat Melissa? Sinds deze morgen wil iedereen die wij ontmoeten, ons steeds een beetje meer van hun rommel verkopen. Oké man . Ik zie onze wafelbakker toekomen, stuur maar je busje .'

Een bericht verwittigde het huis. ' Joehoe we zijn op komst .'

Assam stond al te wachten en keek verwonderd naar de beide taxi's.

' Hé , dat kan niet in mijn kano. Godverdomme Melissa kon je geen mail sturen?'

'Helaas koffieblaas, was mijn Gsm aan rust toe. Zaag niet vent en ga de sloep halen.'

De kano werd door de sloep vervangen , waarna er nog juist plaats voor twee van hen was.

Assam gaf Kim een walkie talkie en wees naar het huis.

' Dag patje . Wat moet je weten ?'

' Met twee vertrokken , met zes terug , leg dat eens uit?'

' Oh ! Dat is een chef kok met zijn gezin, ik kreeg die cadeau bij een set messen. En die kinderen kunnen jullie oude knollen wat opvrolijken.'

' Je wacht , ik overleg.'

De verbinding was verbroken , met een zucht keek ze het gezin aan.

' Ik geef hem één minuut , daar is nu de oorlog uitgebroken.'

Nog geen minuut later kwam het ja woord.

' Breng je vondelingen maar mee.'

Verlegen verstopte de kinderen zich achter de ouders bij het betreden van de enorme living.

Caroline ging tot bij hen, en stak haar hand uit.

'Halo ik ben Caro , wees welkom . Hebben jullie honger of wil je een snoepje ? Hoe heten jullie?'

Het meisje was het eerst hersteld van de vreemde situatie.

'Anka ik ben 10 jaar en mijn broer is Lou, hij is nog maar 8. Graag eten aub en daarna een snoepje.'

Heinz kon zijn lach niet verbergen:' Dat noem ik nu eens zaken doen.'

' Wij zijn Kris en Sara. Bedankt voor de ontvangst . Hopelijk zijn we nuttig voor jullie.'

Het eten werd opgediend :' Hopelijk lusten je dit.'

'Ik denk dat wij heel blij mogen zijn met al wat op het bord komt.'

Na het eten werden de nieuwe mensen rondgeleid, bij terugkomst in de living stond de verbazing op alle gezichten te lezen.

'Patrick, schrijf ons maar in op de werklijst. Zelfs de kinderen kunnen al werkjes opknappen.'

'Oké Kris, helaas zullen jullie een verdieping lager moeten slapen, hier is alles volzet. Laura en de familie Heinz wonen daar ook. Wacht we gaan eens kijken waarom er hier plots zoveel zakken staan .misschien is er wat bij voor de kinderen.'

Kreetjes en verbaasde stemmen vulden de livingruimte bij het openen van alle zakken.

Heinz stond met open mond naar al dat winkelwaar te kijken.

'Melissa! Wat heeft dat allemaal gekost ? Denk je dat ik miljonair ben ?'

' Nu niet meer pa , maar er zijn evenveel pakjes en hemden voor jou bij . Zodat je niet altijd in die oude vodden moet rondlopen.'

Verstomd liep hij terug naar zijn geliefd domein, in zichzelf brabbelend dat zijn dochter een ferme tater had.

Kim gaf beiden kinderen een honing snoepje voor ze zich naar haar kamer terugtrok .

Myrthe keek haar na :' Hier boven komt weldra een kamer vrij Ze is er klaar voor.'

' Denk je dat ? Dan zal ik haar eerst wat meer informatie over ginder geven.'

Laura stond op en begaf zich naar Kim 's kamer, ze klopte aan.

'Kom maar binnen.'

Kim stond in een aanpassend zwart pak een gordel aan te passen.

'Oh Laura , ge komt goed van pas. Trek die sluiting op mijn rug eens wat beter aan. Met wat kan ik je helpen ?'

' Met niets , ik kom je wat vertellen wat je leven misschien red.

Ik zei al dat daar heel wat mislukte misdienaren rondhangen als bewakers.

Mark gaat op Donderdag steeds biljarten in de bar op het eind van de straat. Om de twee weken gaat hij op verplaatsing , wedstrijden spelen. Ze komen rond twaalf uur terug.

Anna gaat altijd mee , toch is het niet zo simpel als je nu denkt. Er lopen steeds twee man voorop, dan Anna en misschien hij. Mark verwisseld steeds van plaats , soms loopt hij vooraan dan weer achter de rest , daarna nog vier kornuiten achteraan. Ze hebben altijd dezelfde lange jas aan waaronder de vuurwapens verborgen zitten, een hoed met muskietennet sluit de maskerade af zodat je ook hun gelaat niet kunt zien. Of wie heeft er angst ?

Heel soms gaan ze te voet , het merendeel per auto , drie stuks. Die waar Anna in zit is een gepantserde Mercedes, gekocht van een sjeik.'

'Dus moet ik heel wat tijd in observatie steken ? In elk geval bedankt het maakt het toch makkelijker, in de kroeg zullen ze wel die rommel uitdoen.'

'Ja, maar alle gordijnen gaan dicht. Je komt er niet in zonder vergunning. Hij betaald dan ook graag al het gelag , wat steeds meer is dan op verplaatsing. Daar is de situatie natuurlijk anders, hij is niet overal de baas. Gelukkig maar.'

Kim knikte dat ze het begrepen had:' Bedankt , toch leuk als je een ex vriendin van hem tegenkomt. Nu nog een plaats zoeken vanwaar ik dat huis kan bewaken. Goed even op de PC kijken.'

Ze zag dat Laura aan 't nadenken was.

' Weet jij soms wat kan dienen , alles is toegelaten.'

'Bij Fientje aan de overkant , die haat ze omdat ze steeds haar stoep vervuilen als ze op wacht zitten.

Fientje is 87 en potdoof, en kan de trap niet meer op, ze leeft beneden.'

' Oké ik zag ze daar zitten kaarten. Prima daar geraak ik wel binnen zonder dat mensje angst aan te jagen.'

Laura keek naar Kim , die haar gordel aan 't bewapenen was. Twee FN Five-seven N pistolen met extra clips, een tasje met 12 werpmessen , een led zaklamp. De twee vlindermessen gingen elk in foedraal in een laars. Het scheermes hing al in een zelf gemaakt etui rond haar hals.

'Kan je uzelf nog bewegen ? Verdorie gij wilt hem echt dood.'

' Oh , Ik heb nog wat rommeltjes om bij moeilijke klanten tanden te trekken. Die ga ik nu op hun werking nakijken.'

Ze nam een lichtgewicht snelvuurhandwapen uit de sportzak . 'Een P 90, zalig ding.'

Waarna een buisvorming ding tevoorschijn kwam :' Een LAW. Maar ik veronderstel dat je niet weet wat dat allemaal is. Dat maakt ook niet uit , als ik het maar weet.'

Als laatste deed ze plakband over twee schokgranaten en twee Mils granaten.

Kim stak buiten de LAW en de P90 alles zorgvuldig in een kleine rugzak, waaruit ze met haar ondervinding het nodige snel kon pakken.

Nog enkele laders voor de P90 gingen erbij.

' Zo ! Tijd om te ontspannen.'

Beiden liepen naar binnen waarop Tv een vrolijke kinderfilm bezig was.

' Oh ! Eindelijk leuke programma's op het scherm. Die zag ik al met Anna , heel leuk.'

Patrick zag toch dat Anna's naam haar pijn deed.

' Kim! Wat als Anna je niet meer wil zien , of je de dood van haar vader niet kan vergeven? Heb je daar al rekening met gehouden. Volgens Laura is ze daar graag.'

' Ja Patje maak je maar geen zorgen , dat is berekend.

Als ik sterf is er niks dat haar bij haar pa weerhoud. Als ik win, zal ze nooit weten wie de dader was. En anders zien we later wel.'

' Moet je een geweer meehebben ?'

' Dank je wel , maar als die van het zuid echt boos zijn , zal je alles zelf nodig hebben. Maar een verbinding met hier zou wel leuk zijn anders vallen jullie uiteen van nieuwsgierigheid. En niet bellen, ik roep wel op.'

Nachtwerk

De vrienden keken Kim na bij het aflopen van de trap.

Verwonderd hadden ze naar haar transformatie gekeken, of zoals Rik zei :' Holly Mozes, ons meisje is een krijger geworden, zo te zien een dodelijke.'

Hij kuste haar op de kaak: ' Kom terug meid, breng je meisje naar hier.'

Een grote rugzak bevatte al haar benodigdheden.

Kim kuste Laura :' Bedankt , moet ik hem nog de groeten doen?'

Laura schudde van neen , en liep wenend naar boven.

Bert wachtte in de kano, hij keek omhoog waar geen spiertje maan te zien was.

' Dat heeft ze goed berekend. Puur professional.'

Met dank je Bert verdween ze aan de oever als een schim in de

Nacht de duistere straat in.

' Succes meisje . Ik persoonlijk ben heel gelukkig dat je niet op mij jaagt.'

Een zwarte kat op zoek naar muizen kon niet beter haar weg zoeken. De nachtgeluiden waren nog onwerkelijk voor Kim, heel voorzichtig liep ze zo dicht mogelijk tegen de gevels voort, dankbaar dat de straatverlichting het bijna overal liet afweten.

In dit gedeelte van Hoboken was er bijna nooit verkeer, te gevaarlijk overdag leidde naar veel te gevaarlijk tijdens de avond.

De tuinmuur had ze reeds zo dikwijls bekeken dat ze hem letterlijk kon natekenen.

' Drie tuinen en dan naar de slaapkamer.'

Ze probeerde overal de afloopbuizen tot ze een stevige vond , die gebruikte ze om omhoog te klimmen. Op het dak bond ze het klimtouw om de schoorsteen van Fientje , even later zeilde ze af tot aan het slaapkamerraam dat zonder moeite geopend werd. Een snok deed het touw loskomen waarna Kim het binnentrok.

Heel voorzichtig rondkijkend met een afgedekte zaklamp, ontwaarde ze veel stof. Hier stond niets meer. De kamer was leeg.

Even luisterde ze naar geluid dat van beneden kwam, het vertelde haar dat de Tv zijn best deed om het geluid van Tomorrow land te overbluffen.

Tevreden stapte ze toch voorzichtig naar de voorkamer. Een oud bed met een kleerkast waren de enige spullen.

'Haha slaapruimte.' Ze wierp de zware rugzak op het bed.

Het raam was haar eerste doel , zonder ook maar iets aan te raken keek ze naar de overkant .

' Eerste fout zeeman ! In heel de buurt brandt amper een lamp , maar je voorgevel baad in lichtweelde. Dank je.'

Even stond ze in gedachte te twijfelen, toch rolde ze de zichzelf opblazende slaapmatras uit: ' Beter dan een krakend stoffig bed. Nu even pitten , morgen werkdag.'

Gekleed met de P90 naast haar viel ze heel snel in slaap.

De morgen bracht zonlicht tot in de kamer. Kim lag nog even na te genieten van haar droomvrije nacht , tot een PSST haar in alarmfase bracht.

'Hé snotjoeng ! Moet je koffie voor ik de politie roep ? Kom maar naar beneden , ik weet dat je daar bent.'

Kim wist niet hoe te reageren , toch ging ze even tot aan de deur.

Een oudere vrouw deed teken van kom maar naar beneden.

In gedachte dat die vrouw geen echte bedreiging vormde , ging Kim de krakende trap af.

' Awel wat kom je hier zoeken' : zei het oudje in haar dialect.

Hoewel de situatie belachelijk was, kon Kim een glimlach niet onderdrukken.

'Dag Fientje , excuseer voor mijn Inbraak , maar ik kreeg je adres van Laura. En voor je de politie oproept , ik ben van dat zelfde gedoe .'

Ze gaf de vrouw haar ID kaart die Fientje daarop nauwkeurig nakeek.

' En wat zoek je ? Geld heb ik niet, alleen honger kan je hier krijgen.'

' Fientje! Valt het je niet op dat ik je naam weet ? Wel ! Ik kom het huis hier rechtover bespioneren. Ik moet eigenlijk zeggen dat jij wel behoorlijk goed hoort.'

Fientje kon het gegiechel niet tegenhouden.

' Een idee van mij zoon. Doe of als je zot bent en alle krapuul laat je gerust.'

Ze draaide met haar arm in 't rond :' Allemaal fake. Ik kijk TV met een koptelefoon zodat ik die overdreven zever niet hoor. Trouwens was je gisteren niet zo braaf gaan slapen , had ik men tweeloop wel even tegen je buikje geduwd. Je bent niet goed bezig poliske, alle kamers hebben camera bewaking.'

'Godverdomme, door een gewone sterveling betrapt. Maar luister even naar mij , ik ben je wat uitleg verschuldigd.'

Na alle uitleg keek de vrouw met jaren levenskennis haar aan.

' Altijd zonde dat een vrouw met een bedrieger voor hun kroost moet vechten. Doe je werk, ik weet van niks.'

'Fientje! Ben je hier gelukkig ? Anders kan ik je wel een adres leveren waar er nog wat te eten is . Misschien wordt je woning wel verwoest als ik hier blijf.'

'Pff kan geen kwaad , ik huur dit krot. Maar eten ! Heb jij niks bij?'

Kim liep naar boven en haalden twee blikken op te warmen eten.

Fientje stond te kijken naar de kaki kleurige blikken.

' Wat wil je Fien , cassoulet of rijst met kip?'

Kim trok de ontstekerslippen eraf, waarna een zacht sissend geluid hoorbaar was.

' Vietnam eten .'

De oude dame rook aan de twee blikken : 'Verdorie zeg dat ruikt juist 't zelfde . Ben je zeker dat het eetbaar is ?'

Wat later zaten beiden in stilte toch een blik leeg te lepelen .

Een donderende wind verbrak de stilte.

'God ! Die bonen werken al. Goshy ! God zalige vreet.

Kim meisje bedankt. Ik wil hier wel weg om je vrij spel te geven, maar hopelijk eten ze ginds wel vers eten ?'

' Weet je wat Fien, het enige wat je ginder niet kan , is vrienden of familie optrommelen. Je kan je zoon alleen nog telefoneren , that's it. Maar ik ben er zeker van dat je Patje en Heinz dol gaat maken.'

' Amaai , ja dat is dan spijtig , wel voor hem. Mijn zoon bezoekt me alleen als men knip open moet, voor de rest hoopt hij dat ik snel op den blauwe steen lig.'

Kim nam haar Gsm en praatte een tijd met Patje , met dank je sloot ze af.

'Fien wil nog iets meenemen buiten je vuile onderbroeken? Doe het snel , een taxi komt je halen . En Fien! Bedankt, hopelijk kan ik je ooit nog knuffelen.'

' Snot joeng ! Subiet ga ik nog huilen.'

Fien belde naar haar zoon met de woorden dat ze hier weg was en hij uitgenodigd was op haar begrafenis , voor de rest kon hij de pot op.

Ze smeet de Gsm op tafel , gevolgd door een bosje sleutels waarvan ze er eerst één afnam .

' Van mijn kluis.'

Even later rinkelde de Gsm. Ze keek wie er opriep , deed het toestel open en nam de batterij eruit. Met foert kwam het toestel terug op tafel.

Vanaf de bovenkamer zag Kim dat het vertrek van Fien ook bekeken werd door iemand aan de overkant.

Een meisje riep naar Fien, die snel naar haar liep en een dikke knuffel gaf.

Kim barste in tranen uit , met de hand voor de mond niet in staat zich te bewegen zag ze Anna met Fien staan praten.

Haar eerste reactie was naar buiten stormen om haar dochter te omarmen, het gezond verstand deed haar staan blijven , ze zou toch de rand van de stoep niet gehaald hebben , zeker nu de spinnenkop achter beiden stond met een AK 47 in de hand .

Na een bevel ging Anna terug de woning in , Fien deed of ze aan haar oor moest krabben, doch deed duidelijk teken < bel me >.

 ' Oh Anna ! Je bent groot geworden.'

Tranen waren er even snel terug, ze zette zich op bed en begon onbedaarlijk te huilen.

Hoelang ze daar gezeten had wist ze niet, het openen van de beneden deur verdreef de verstarring.

 'Moeder ! Moeke , waar ben je?' Ze hoorde een man vloeken .

 'Verdomme oud wijf wat flik je me nu weer ? Goed trap het maar af , ik heb je zielige centen niet nodig.'

Met een knal vloog de deur terug dicht, waarna het geluid van een brommer de verwijdering van de zoon vertelde.

Met een zucht ontspande Kim. Stond recht, liep tot aan de kleerkast waar ze een kalender ophing en de datum aankruiste.

'Goed nog vijf dagen tot donderdag. Ik kan nu niet langer wachten, sorry hier stopt het. Oh Anna ik herkende je haast niet.'

Met een snik begon ze de slaapkamer te verbouwen .

De kleerkast kwam in rechte lijn tussen de deur en het raam staan. De matras sleurde ze naar de achterkamer tot wat zij de kogelvrije hoek noemde. Beneden ging Kim op zoek naar een gemakkelijke stoel die ze in het de stalling vond, een deken vervolmaakte de zitting.

Drie maal per dag deed ze oefeningen op haar slaapmatras , terwijl ze bij elk gerucht naar het raam liep.

'Zeeman, weer een fout ! Je laat die kwibussen telkens op hetzelfde uur uit en binnenkomen.'

Dat ritme begon bij haar een plan op te werpen, of zoals haar instructeur bij de Para's verteld had.

' Iedere gelijklopende klok gaat steeds gelijktijdig af, funest voor de klok. Je weet wat gaat komen.'

Op donderdag morgen begon de spanning te stijgen. Ze keek rustig maar verzekerd beide rugzakken na . Nam eten voor een dag uit de grote en sloot hem , klaar voor transport bond ze haar slaapmatras er boven op.

De kleine kreeg een extra inspectie doch ze kon niets verbeteren, dat stelde haar gerust.

Wapeninspectie werd de volgende opdracht. De mekanismen werden nagekeken en vlot bevonden , de laders op kogels.

' Kim Claes ! Als je luitenante moet ik je bestraffen . Je handen zijn vettig ze staan de perfecte handeling van je verkregen wapens niet toe. 20 push ups aub.'

Ze hoorden de voordeur kraken , de stem van de zoon had ze vlug herkend. Ze bleef rustig in de relaxzetel liggen , een pistool werd van een geluiddemper die ze stil uit de rugzak genomen had voorzien.

'Hier sé makker, twee Tv's voor nog geen 100€. De rest zijn prullen laat die maar liggen , het is goedkoper nieuw aan te schaffen dan te upgraden.'

Ze hoorde de traptreden kraken < mannen kom aub niet naar boven>

Haar gedachten waren nog niet vervlogen of ze hoorde de zoon roepen.

' Piet vent daar ligt alleen maar stof, mijn moeder woonde al twintig jaar beneden. Weet je wat ze me jaren geleden daar boven liet doen tegen dieven. Camera's installeren.

De oude zeug! 20 Ballen voor een Desk Cam en voor 1000 aan haar verkocht. Haha, onnozel wijf ! Hoe mijn vader daar kon opzitten, mag de duivel weten. Kom we zijn hier weg.'

Woedend om zoveel spot had Kim de veiligheidspal al omgelegd.

'Man , hoop maar dat ik jou nooit tegenkom. Trouwens Kim, dikke fout! Je was ze vergeten.'

Door een zacht tikkend geluid van haar Gsm wist ze dat het tijd was om de straat te controleren.

Zoals tijdens alle straatbewakingen kwamen ook nu vier man de straat overgestoken , ditmaal wel zonder tafel en stoelen.

Een kwartier later opende de garagepoort waaruit een donker grijze Mercedes met geblindeerde ramen buiten reed. Die zette zich aan de rechterkant van het huis, waarna een andere de garage uitkwam gereden.

Kim bekeek ze beide aandachtig en schreef de nummerplaten op de muur.

De chauffeur wachtte om voort te rijden. Opnieuw door de spinnenkop bewaakt kwamen Anna en Micha langs de voordeur naar buiten.

' Zozo, jij bent hier nummer twee. Oké goed om weten.

Dag Anna, schatje wees morgen niet boos op mij.'

Ze liepen rustig naar de wagen om in te stappen. André keek alle gevels extra na alsof hij wist vanwaar het gevaar kwam. Langzaam teruglopend straalde de man gevaar uit. Kim zag dat gewoon aan zijn manier van doen .

De Mercedes werd als derde gevolgd door nog een gelijkaardig exemplaar, die zonder stoppen volgde. De poort sloot zich.

Kim begon zacht te fluiten , heel tevreden over haar inzicht.

' Zo hele slimme zeeman! Dat heb je prachtig gedaan , maar je hebt een foutje gemaakt. Je gepantserd paard heeft duidelijk de enige haaienvin antenne.'

Ze at eerst nog een blik Spam om daarna klaar te zijn om het nodige te doen. Ze liet eerst alle volgende stappen nog eens door haar hersenen cirkelen. Een handgranaat als bodytrap aan de bovenste trede van de trap vast maken was haar eerste handeling.

Ze legde de kleine rugzak op de kast en omsnoerde de grote.

Kim dacht aan haar oude code: 'Kom op kleine zwarte kat. Tijd om je luie kont eens te bewegen.'

Ze sprong even op en neer om de geluiden van haar

bepakking te testen. Ze twijfelde even om een pistool mee te nemen , maar stelde zich gerust met alle messen aanwezig op haar lichaam.

' Trouwens snot joeng , ge moet hier vlug terug zijn .'

Volledig strijd klaar zat ze in yoga houding te wachten tot de duisternis het overnam van de zon.

Ze verliet het huis langs de tuindeur om over de betonnen tuinafscherming te klauteren . De weg wist ze al van buiten , de enige die zich even kwam bemoeien met haar tuin actie was een uit de kluit gewassen dobberman. Het dier was te laat om haar beet te nemen. Ze stond naar de met schuim bedekte muil te kijken tot de eigenaar erbij kwam. Die zag wel dat dit geen gewone inbreker was, en hield de hond af.

' Meneer excuseer voor mijn inbraak , doch hou je dier vannacht en ook jullie binnen . Het kan je leven verlengen. Ik kom straks langs hier terug , gegroet.'

Ze klauterde over meer omheiningen waarvan ze de betonnen topklasse vond, de hagen waren niet haar lievelingen.

Toch kwam ze wat later uit bij een stuk braak liggende grond, waardoor ze wist dat ze juiste richting uitliep.

Het overgestroomd gebied kwam heel snel dichterbij, daar verwachtte ze het ondergelopen verlaten hospitaal te zien.

Het gebouw stond tot half het eerste verdiep onder water, toch moest en zou ze haar ballast hier achterlaten. Langzaam liep ze tot haar middel het koude water in. Ze stopte aan het hekken om daar haar rugzak aan te hangen.

'Verdomme hoe koud. Maar wie mijn rugzak hier steelt is een dief.'

Bibberend verliet ze het water om naar het huis weer te keren. De vol gezogen kledij remde meer dan ze dacht haar bewegingen .

'Neen hé ! Aub , laat me droog zijn tegen vannacht.'

Omdat Fien geen droogkast bezat moest ze improviseren.

Het gas kookvuur spreidde voldoende warmte met de vier branders zodat ze bijna naakt stond te wachten op droge kleren.

Met een deken en sprei omgeslagen stond ze zenuwachtig te trappelen tot de oude wasmachine het zwierproces afwerkte.

Haar gsm stond om 10u 30 wat haar vrolijk stemde .

' Oké nog een rondje zwieren. 'k Zal wel niet de eerste prijs in gestreken kledij hebben maar warm, is warm. Helaas droge kattenblaas moet ik mijn plan bijstellen. Ik kan het niet bevroren tegen hen opnemen, een hulplijn is wenselijk.'

Ze belde Patrick op , met de vraag of ze een drijvend tuig kon lenen.

Ze gaf hem de plaats op waar ze het graag wou hebben.

' Patje graag voor 24 u, het is toch niet zover van het huis. Je weet toch waar ik bedoel ?'

' Kim , Bert is al onderweg en ik ben hier geboren en getogen. Fien is veilig aangekomen. Meisje zou je niet terugkomen, het moet toch anders kunnen.'

' Bedankt alweer met je hulp. Neen! Mijn manier zal de enige zijn die mij verlost van mijn wraakzucht. Dag Patje .'

Het droogprogramma liep af . Tevreden over het resultaat was haar kleding snel aangetrokken. Ze deed de vuren uit maar besliste even later om het kleinste aan te laten.

Tevreden over het verloop en de droge kleding ging ze naar boven om aan haar wraak te beginnen.

Het hospitaal

De handgranaat verdween op veilig gezet terug in haar battle dress.

Ze gespte de kleine rugzak aan , de raketwerper lag vuur klaar op het bed frame.

Ze haalde rustig adem, niets kon haar nu nog tegenhouden.

Lang moest ze niet wachten, tot hier toe was de timing goed ingeschat. Bij het eerste motorgeluid nam ze het wapen en zette zich schuin voor het raam in de richting vanwaar de auto's moesten komen. Grote lichtbundels verlichten de straat, bij het naderen ging de garage poort open om dan een auto te horen afremmen.

Twee bewakers verschenen naast de poort , staken hun hand op met het teken, alles veilig.

  ' Voilà ! Nog een fout.'

De eerste wagen was een volgwagen die zoals het moet rustig de garage inreed, gevolgd door de auto met de haaienvin antenne.

De laatste draaide de oprit op. Kim ramde het wapen gewoon door de ruit en schoot erop.

Met een overdonderende knal vloog het voertuig een halve meter de lucht in, en viel brandend terug neer.

Ze bleef even kijken naar het resultaat. Van de beide wachters bleef niet veel meer over , de wagen lag als een brandende versperring in de garage. De poort begon al te branden, vlammen likten de lucht in met walmende zwarte rook die de huizen bezoedelde .

In het huis waren plots alle lichten gedoofd , toch ging de voordeur open.

André verscheen gewapende met een AK- 47 in de hand.

Hij liep naar het midden van de straat waar vandaan hij alle huizen bekeek. Overal waren er gebroken ruiten, toch ging zijn aandacht naar Fientjes woning. Ze zag de man knikken en opnieuw naar de overkant wandelen.

' Kom Kim weg hier hij weet het , het gaat hier stormen. Gij durft wel man . Moedig maar onveilig.'

Ze sprong gewoon uit het achterraam om de weg naar het hospitaal af te leggen.

Het eerste salvo kwam al voor Kim de eerste afsluiting over was.

' Yep , dat zullen de buren en de politie niet gehoord hebben.'

Ze vervolgde rustig haar weg, terwijl achter haar de oorlog was uitgebroken.

Wat niet hoorbaar voor haar was, was het woedend gebrul en gevloek van Mark.

' Godverdomse klootzakken. Kan er hier iemand mij vertellen hoe dat ze verdomme twintig man tegelijk bij hun kloten heeft genomen? En wel door een zot wijf. Ge gaat verdomme uw loon moeten verdienen, zoek de bitch. En stop dat geknal. Onnozelaars , heel Antwerpen heeft jullie gehoord.

We gaan hier wat bezoek krijgen.

' Ja maar baas ! De auto zullen ze ook wel gehoord hebben.'

Mark sloeg de man tegen zijn kin :' Onnozelaar , dat kon een defect geweest zijn. Wat gebeurd daar ?'

Het gasvuur met het brandend vuur was volop geraakt, met een flinke plof ontstak het ontsnappend gas en zette de oude woning in brand.

Terwijl Kim de laatste meters aflegde tot aan de kano die daar op haar wachtte, kwam het eerste loeiend geluid van een brandweerwagen dichterbij.

Bert wachtte samen met Rik op een jetski tot ze bij hen was.

' Dag jongens , bedankt voor de kano . Ga nu maar terug het kan hier gaan stinken, en neen geen uitleg . Ga nu, ik wil niet op jullie willen passen.'

Rik gaf haar een foedraal en een doos.

' Hier cadeau van den ouwe. Een M1 geweer met twaalf clips. Graag mee terug brengen zei hij.'

Met tegenzin draaide Bert het toestel, om rustig terug te varen. Met een zucht keek ze de verdwijnende jetski na.

' Dank je wel mannen . Kom op luie doos , arbeiden.'

Met de kano ging het vlot tot aan haar rugzak. Ze nam hem van het hek en doopte haar arm daarbij in 't water.

' Gij groot kieken , terug nat.'

Al paddelend bereikte ze een zij ingang , platliggend kan ze er juist onderdoor. Geen spiertje licht viel beneden op de donkere water.

' Oké duisternis , we gaan een trap hoger op.'

Hier was de duisternis bijna compleet. Ze nam de nachtkijker met infrarood kijker en zetten het geheel op haar hoofd , stak de draden in de batterijen waardoor ze plots alles duidelijk zag.

Een lange gang met langs weerskanten deuren, deed haar vermoeden dat het kamers waren.

' Yep , verkenning dringt zich op.'

De meer dan een uur durende inspectie van het gebouw, stelde haar tevreden. Ze had een centrale plaats ontdekt die alleen langs de gang kon betreden worden, de kleine goederenlift achterin had bij haar keuze geholpen. De slaapmat kwam ervoor te liggen, waarop ze binnen een minuut vast sliep.

Daglicht scheen al volop in wat ze bestempelde als een labo, de achtergebleven stalen meubelen hadden haar zo doen denken.

Na enkele beschuiten met spam en water, begon Kim het gebouw volledig te onderzoeken. Een ex openbaar toilet werd dankbaar benut , alleen de spoeling liet het afweten .

'Oké toiletten genoeg. En anders ruikt het hier maar wat vreemd.'

De vier verdiepen waren allen gelijk ingericht . Een lange gang met slaapkamers aan beide zijden waar middenin een groot lokaal gebouwd was, waar het liftje steeds op uitkwam.

Om haar batterijen te sparen opende ze een deur zodat het wat lichter in de gang was.

Bij haar slaapplaats gekomen begon ze haar rantsoenen te tellen.

Ze keek door het achterraam. Wat ze zag was de potpolder

met een kilometer verder het huis. Voor ze heimwee kreeg sloot ze de gordijnen waardoor het lokaal slechts diffuus verlicht werd door hier en daar binnenvallend zonlicht.

' Vijf dagen voedsel . Goed dus vier dagen om hier een rattenval te maken voor de lieverdjes . '

Al wat ze vond en kon dienen om de achterste traphal beneden te dichten duwde ze daarin. Enkele achtergelaten oude bedden voldeden perfect, nog wat duwwagentjes en invalide karren volgden. De beneden doorgang kon alleen met veel lawaai doorbroken worden.

Het eerste was van het tweede verdiep gescheiden.

Twee grote bloempotten op haar verdiep, toverde ze met het gebruik van de schokgranaten om tot bermbommen.

Zakken met keien waarmee de potten gevuld werden was ze alle avonden in de nabije voortuinen gaan stelen. Dunne touwen liepen tot aan de labo deur, waaraan een potlood gebonden was als trekstang.

De liftdeur die ze met veel moeite open gekregen had, hield ze nu open met een stuk op maat gesneden bezemsteel. Dat ging ze vervolgens op alle verdiepingen doen.

In het bovenste labo bond ze het touw rond een tafel, en wierp het uit het venster. Later die avond voer ze de kano tot onder het touw waaraan ze hem vastmaakte en het touw opklom.

Wat ze ook vond van glas wierp ze stuk op de bovenste treden van het eerste verdiep.

'Dat kraakt lekker als er iemand op trapt, Gelukkig is er hier veel glaswerk achtergebleven. Leven de oude van dagen, die verzamelen nogal wat rotzooi.'

Steeds haar vluchtweg in gedachten controleerde ze nog een ganse middag haar plan, tot ze haar schouders optrok < We zien wel >.

De ondergelopen straat vooraan baarde haar weinig zorgen , de zijstraat langs waar ze binnenkwam hielp ze regelmatig in 't oog. Nu haar valstrik klaar was begon Kim toch wat zenuwen te krijgen.

'Goed vermits den boekschijter niet beweegt zal ik hem eens roepen.'

Met de M1 omgehangen en alle clips in haar zakken , klom ze in de kano. De maan kwam haar plan een beetje verstoren, doch kon haar ook helpen sneller voort te komen.

Met het wapen in aanslag liep ze tot vooraan het straat, keek voorzichtig om de hoek en was verwonderd dat de straatlampen nog alle twee branden, ze had de linkse toch zien uitgaan.

' Zo meneer heeft macht !'

Een schot knalde, de kogel vloog over haar hoofd te pletter tegen het huis aan de overkant .

' Mis vent. Maar bedankt nu moet ik niet joehoe doen.'

Ze hoorde voetstappen naderen, en liep zo snel mogelijk terug naar het hospitaal toe. Aan het braakstuk grond vleide ze zich neer, rustig wachtend op haar achtervolgers . De onervaren achtervolgers staken een beetje af door het straatlicht achter hen.

De knal had de man nooit gehoord, de kogel die zijn borstkas doorboorde onttrok hem alle leven.

De tweede trok zich vlug terug , wat ze hem graag liet doen.

' Kom maar muisjes, de kat zit te wachten.'

Een half uur later zat ze in de eerste slaapkamer van het hospitaal naar de straathoek te kijken. Voor haar eigen veiligheid was het raam volledig geopend. Wanneer de eerste achtervolger in het koude water stapte en vloekte, kon ze een grinnik niet onderdrukken.

De groene schijn van haar nachtkijker konden de aanvallers niet zien, voor haar getrainde ogen was het volop dag.

' Ah neen hé, niet teruggaan. Van een beetje water ga je niet dood.'

De man die zijn voet uit het water haalde viel even later dood neer.

'Tellen Kim, Laura zei twintig à dertig stuks verdriet. Nummer acht, de tiende krijgt een medaille.'

Een salvo vanuit het rechtse hoekhuis, knalde tegen de muren.

Vlug schoof ze op haar buik de kamer uit en sloot de deur, de duisternis was opnieuw volledig. Ze snelde naar het labo , juist op tijd om de kamerdeur uit haar scharnieren te zien vliegen.

' Amaai Mark , je pompt er nogal geld tegenaan.'

Omdat er rook de gang begon te vullen liep ze terug in de hoop dat de andere nu even dachten dat ze morsdood was.

Ze rukte de brandende gordijnen af om die buiten te smijten.

Een gerateld vertelde haar een zwaarder wapen. Ruiten sneuvelden, ze schoten op lege kamers

' Weer mis poes , ik zit al aan de thee .'

Plots moest ze aan een collega denken die haar ooit vertelde dat ze al strijdend tegen zichzelf fluisterde en hij dat nogal bizar vond.

'Oké D-Day is begonnen , ze proberen me van de ramen weg te houden om zelf hier te geraken.'

Meermaals drong een zware kogel tot een overliggende kamer. Ze wachtte even tot de schutter moest herladen en liep langs rechts naar het volgend verdiep .

Plons geluiden en geklaag waren al tot de ingang te horen.

Door het kraken van glas wist ze waar ze waren.

'Godverdomme baas , we zijn verdomme bevroren. Maar ja ! Gij bent hier niet.'

' Ssst ! Stil die teef loopt hier rond.'

Kim liep voorzichtig een halve trap af , nam een handgranaat uit haar zak, ging op haar rug tegen de betonnen treden liggen, trok de pin eruit, de veiligheidspal maakte een tikkend geluid bij het neerkomen op de trap, ze wachtte twee seconden en liet het tuig vallen.

De angstkreten kwamen te laat , met een doffe knal waren er weer vier levens verstoort.

Ze keek even naar haar slachtoffers . Het naderen van de volgende kandidaten redde het leven van de enige gewonde.

Ze liep de trap op , weer rondom tot aan het labo.

'Verdorie zeg ! Straks kan ik mee doen aan de olympische spelen.'

In de stilte van het gebouw was bijna elk geluid hoorbaar, ze hoorde dan ook klagende stemmen en watergeluiden uit de traphal. Brekende ramen verwittigde haar dat de bestormplannen veranderd waren, ze kwamen langs alle kanten.

Door alle kapot geschoten deuren was het wat lichter in de gang, wat de mannen zekerder maakten. Ze zetten haar kijker van nacht naar infrarood. De bevroren zouden half oplichten , maar die wist ze zitten, de nieuwelingen kwamen van elders.

'Kim schatje, de trappen zijn ingenomen, je zal de lift moeten nemen.'

Om zich te verzekeren dat ze haar hier verwachten, schoot ze enkele kogels gewoon de gang in.

Ze kroop de kleine lift in , trok de bezem van tussen de deur die dan vanzelf sloot. De nachtkijker hielp haar feilloos het stalen gebinte op te klimmen tot het volgend verdiep.

Een daverde knal die de liftdeur deed trillen was haar antwoord op het schot.

Ze hoorde een stem roepen < komaan nu >. Rennende voeten waren het gevolg .

' Mmm Kim eens luisteren of je bloempotten werken.'

Opnieuw klonk het luid in het leeg hospitaal. De twee vallen hadden gewerkt, gehuil van gekwetste mensen vulden de gangen.

Met de P90 liep ze naar beneden waar stof en rook de gang verduisterde. Ze ontwaarde in de ganse gang lichamen , sommige bewogen nog enkele stonden zelfs nog recht.

Zonder pardon schoot ze op allen, de lege lader werd snel met een volle verwisseld.

' Hé Mark , hopelijk kan je dit aan je mensen uitleggen.

Heb je nog veel slachtvee, laat maar komen vent ik lust ze rauw.'

' Teef wacht maar, ik trek je voering van binnen naar buiten.

Meer dan volk genoeg om je vel af te stropen.'

' Zo clown, ben je hier toch ook. Bravo broekschijter, ik wacht op je. Maar ja als nog zo'n luizig ventje als toen bent, zal ik me zelf wel vingeren.'

Ze zag een deur bewegen en wist waar hij zat.

' Goed, bedankt om je adres te geven .Tot zo.'

Ze besloot om de liftkoker te gebruiken om naar het derde te klimmen. Op het tweede liet ze de laatste handgranaat als een bodytrap achter. De deur sloot feilloos na het verwijderen van de stok. Op het derde kroop ze rustig uit de lift en wandelde langs de traphal naar het bovenste verdiep, waar ze een hapje nam en wat water dronk.

Een geluid deed haar omdraaien, een man gewapend met een tweeloop stond voor haar.

' Zo teef, ja veel roepen verraad je positie, dat geeft een getraind man de tijd om ook te plannen.'

'Hoe wist je het ?'

' Je rugzak. Ik heb haar ' riep de man.

Ze keek glimlachend over zijn schouder en knikte bijna onzichtbaar.

De man trapte in de aloude list en keek heel even om.

Razend op zichzelf sloeg ze de loop van haar weg, trok in dezelfde beweging de commandodolk uit het armholster en sneed in één haal de man van mond tot oor open.

Voor dat de man het wapen van de pijn liet vallen, ging nog een schot af. Ondanks de oprukkende stekende pijn in haar hoofd stak ze de dolk in zijn hart.

Duizelend wist ze dat het gedaan was , ze moest hier weg.

Wankelend kroop ze in de lift , trok de bezem weg en wachtte op het donker. De nachtkijker hielp haar met klimmen tot in het motorkamertje , waar ze zich achter de machine neerlegde.

Met bevende handen probeerde ze een morfine ampul uit haar boven zak te nemen. Terwijl het afwisselend licht en donker in haar hoofd werd gelukte het haar, het doosje liet ze gewoon naast haar vallen. De prik van de naald was al ze nog ervaarde, de morfine bracht haar snel onder narcose.

Beneden haar was de hel uitgebroken., opnieuw moesten de manschappen het geluid van een brullende baas ondergaan. In groepjes van twee kamden ze het gans gebouw uit.

' Hier , langs hier is ze verdwenen.' De man stond voor het open raam en wees naar de koord, de kano was haast niet te zien in de duisternis..

Vloekend stond Mark naar het touw te kijken.

' Snij dat los en doorzoek nogmaals het ganse gebouw, ik betrouw dat wijf niet.'

André kwam naast hem staan :' We vonden een M1 en een snelvuurwapen volledig geladen. Denk je dat ze die gezond zou achterlaten?'

'André ik zei het je ooit al. Wees gelukkig dat je nog leeft , Kim is een geoliede moordmachine. Zie je de Jules daar liggen, wat maak je daar op uit ?'

' Dat hij morsdood is. Wat nog?'

'Verdomme onnozelaar, kijk dan. Een geweerloop leeg, zijn kaak helemaal open gesneden en de dolk in zijn hart. Ze stond zowat op zijn tenen en hij heeft geroepen dat ze gepakt was . Conclusie ?'

' Wel dat hij morsdood is. Dood door het eten van haar voedsel.'

André toonde de rugzak en een half blik spam.

'Lag op de grond, leeg.'

Vloekend ging Mark op weg naar huis.' Godverdomme ze heeft de enige onnozelaar die ik niet kwijt kan vergeten te doden.'

Hij stapte naar beneden waar een ladder door een raam stak. Tot op een vastgereden vrachtwagen daalde hij af om vervolgens over te lopen naar een andere die in 't straat stond.

Op straat niveau stapte Mark de straat op en zakte tot zijn knieën in het water.

André zag hem vloeken :' Nooit van eb en vloed gehoord baas?'

Een aantal papieren die in de rugzak staken vertelde hem dat haar aanvalsplan er op uitgewerkt was. Hij bestudeerde even de planning, en moest toegeven dat het helemaal zo gelopen was als getekend.

André ging een verdiep lager tot het labo , ging naar de lift waarvan de deur nog geblokkeerd werd door een stuk hout. De lamp van zijn smartphone verlichtte tot boven , hij knikte en nam een foto met zijn toestel.

'We staan gelijk Kim.' Vervolgens trok hij de stok weg, en wachtte tot de deur helemaal dicht was.

Het thuisfront

Hoelang ze bewusteloos geweest was kon ze niet vertellen. Volgens haar was de helft van haar schedel verdwenen en er een zak hoofdpijn in de plaats gelegd.

Het eerste wat haar duidelijk werd was de totale duisternis die haar omgaf.

' Wacht eens even mevrouw Claes, dat klopt niet of zijn uw grijze lievelingen toch fel beschadigd.'

Ze overliep het verloop van de strijd:' Zie je wel mevrouw ! Ik heb nooit het derde verdiep gesloten. Misschien door de knal van mijn granaat ?'

Ondanks de totale duisternis voelde ze drang om haar hoofd ergens tegen te slaan. Met veel moeite nam ze een pistool uit het holster om de lamp te gebruiken. De felle lichtstraal nam de duisternis weg, maar kwelde wel haar ogen.

' Verdomme Kim , ge heb een hersenschudding. Kom draai je om, daar zit je makkelijker.'

Het lifthuis was juist hoog genoeg om zittend rond te draaien, achter de motor was een klein beetje meer ruimte waar ze dankbaar gebruik van maakte.

Tevreden dat ze nu al haar zakken en rugzak vlot kon bereiken, leunde ze tegen het metalen buitenschot, ze voelde een aangename warmte haar rug opwarmen.

'Zo het is dag , even naar Patje bellen.'

' Vinden jullie ook niet dat er veel volk in het hospitaal rondloopt?'

Myrthe stond door de verrekijker het gebouw te bekijken.

' Veel ruiten staan er niet meer in, hopelijk is ze weggeraakt.'

'We zouden eigenlijk naar daar moeten, misschien kunnen we haar helpen.'

'Patje ! En wie dacht je te sturen, al onze gezichten zijn wel degelijk gekend , of je moest Heinz uit zijn hok krijgen.'

Een sms bericht deed ze allen naar Patrick kijken.

' Hé allemaal, van Kim.'

< Batt 1%- lift - ziek >.

' Ziezo ze heeft beslist, we moeten naar daar. Laat ons even plannen.'

' Hé snot joeng ! Ik ga wel. Bij vragen kom ik terug van familie bezoek. Geen discussie , mij gaan ze zeker niet verdenken van spionage. Misschien zie ik Anna nog eens .'

Fien wierp het stokje van een lolly in de afvalmand.: 'Bel de taxi.'

Heinz kwam uit de controlekamer.

' Wacht! Geef dit eens aan Anna.'

Heinz gaf een nieuwe Apple smartphone aan Fien.

' Er zit een kaartje met een buitenlands nummer bij , zogezegd het jouwe ; een Duits . Het komt bij mij terecht.'

Geen half uur later stopte de taxi voor de deur van het flatgebouw.

Alhoewel ze verbijstering wou spelen, was het nu niet nodig . Politie controle en lijkenwagens waren ze voldoende tegengekomen om het ergste te vermoeden.

' Amai Jean-Pierre, dat is gene kattenpis wat ze achter gelaten heeft.'

' Neen zeg dat wel, succes me je zoektocht.'

Ze stond haast verbaast naar het skelet van haar huis te kijken. Arbeiders waren volop aan de gasleiding bezig.

' Hé wat is er gebeurt. Wie gaat dat betalen ? En al mijn meubels.'

' Dat moet je ginder vragen.' De man wees naar een politiecombi waar reeds buren stonden te wachten.

'Fien , Oh Fien kom je terug ?'Anna kwam naar haar toegelopen.

' Och arme Fien. Je huisje helemaal opgebrand, waar ga je nu wonen ?

Luid genoeg voor alle luistervinken antwoorde de oude dame

'Duitsland. Ik ga dan toch maar bij mijn zuster wonen, dan kunnen we alle dagen ruzie maken. Ik bezocht haar in Brussel. Nu haar man gestorven is voelt ze zich alleen.'

'Oei ! Dan zie ik jou nooit meer.'

' Daar heb ik aan gedacht.' Ze gaf de gsm in een geschenk verpakking:' dat nummer is van mij.'

' Maar Fien zo'n dure , mijn pa zal jaloers zijn . Dank je.'

Fien gaf haar nog een zoen, en liep naar de zijstraat in de hoop iets van Kim te weten te komen. Even later stapte ze terug in de taxi.

' Rijen J-P, daar wemelt het van allerlei instanties. Je geraakt er niet bij . J-P er zitten twee zakken met voedsel in je koffer , nogmaals bedankt met je snelle reactie. En vergeet het niet, je hebt me bij de tramhalte afgezet.

'Zoals bij de instanties Fien , altijd bereidt '

Assam zat rustig te wachten in de sloep wanneer ze er met een flinke pas aankwam.

'Hé snotjoeng start maar al , ik heb zin in een snoepje.'

Terwijl ze instapte duwde hij even op de rand van de sloep zodat Fien stond te kwakkelen, met een plof zat ze neer. Ze draaide zich om, en stak een vinger naar hem uit.

' Pas maar op manneke, ik ken Karate.'

Patrick die zoals bijna altijd op de uitkijk zat , hoorde ze al lachend naderen.

Alsof ze de olympische spelen gewonnen had stapte Fien de living in waar alle bewoners nieuwsgierig stonden te wachten op haar verslag. Fien nam haar tijd, ze nam eerst nog een honing lolly om zich dan in een zetel te zetten.

'Ah ! Hebben jullie niks te doen dan hier wat rond te hangen? Mijn verslag zit erop , dit is alles wat ik je kan vertellen , niks dus.'

Ze schraapte haar keel :' Lieve mensen dat is daar niet gewoon , er is zwaar gevochten aan mijn deur. Ze spreken over een massa doden, gelukkig weten wie er niet bij is. Noem eens een korps op wat ik niet zag ? Brandweer , doden ambulances , politie in drie soorten en zoals we zagen is het hospitaal lelijk toegetakeld , maar dat wisten we gisteren al. Anna heeft haar speeltje, en jij Heinz als je ook maar één keer in Anna haar privéleven neust ; snij ik je ballen af.'

'Hela , wat denk je wel van mij ? Zoiets zou ik nooit doen.'

'Neen jullie wisten nooit van iets , maar je bent verwittigd. Je kan de zeeman afluisteren , maar van Anna blijf je af.'

Heinz trok een gezicht dat onweer voorspelde, waardoor Patrick proestend naar de computerzaal reed om daar in luid gelach uit te barsten.

' Oké chef , beloofd.' Heinz maakte zich vlug uit haar buurt.

De anderen keken verwonderd naar Fien.

'Leg dat eens uit Fien , hoe wist je dat?'

' Niet, gewoon gegokt en gewonnen.'

Tevreden zoog ze op de lolly, zo alle vragen buitensluitend.

Een beetje beschaamd om zijn uitgelekt geheim kwam Heinz terug met een ontvangst toestel en gaf het aan Fien.

' Als je een andere stem dan Kim hoort geef je het aan mij , waarschijnlijk is dat controle van de zeeman.'

Fien gaf het terug aan hem :' Denk je dat ik tijd heb om me met zoiets bezig te houden. Ik moet hier wel werken voor mijn kost na vijf en twintig jaar op pensioen te zijn is dat eigenlijk een schande .

Doe maar Heinz , we vertrouwen je volledig. Enfin sommige toch.

Zeg Heinz heb je het toestel van Melissa ook afgetapt ?'

Een daverend gelach was het gevolg, alleen Melissa bekeek haar toestel met andere ogen < PA ? '>

' Melissa dochter , je moet niet alles geloven wat die ouwe heks je wijsmaakt '

Glimlachend schoof Fien wat onderuit in de zetel , likte aan de lolly : ' Verdomme waarom zat ik hier niet vroeger? Prachtige mensen.'

Patrick kwam terug bij het gezelschap met de vraag hoe het nu verder moest. Ze wisten dat Kim daar opgesloten was , doch het opruimen van alle rommel en doden zou wat tijd vergen.

'Patje ! Als we nu haar ex baas eens bellen, en zeggen dat er

één van zijn stal verdacht wordt van moord op moordenaars '
Caroline zat aan tafel een stuk broodpudding te eten:' als die
haar graag ziet zal die zich wel komen bemoeien. 't Is maar
een idee.'

'Ik denk een beter dan dat van mij. Ik wou gewoon 212
bellen en vragen of ze de liften eens nakeken.'

' Heinz zoek de DSU verborgen chef eens op. Zeg hem dat
Kim Claes hem wil spreken. We zullen snel weten hoe graag
ze gezien is.'

Geen tien minuten later klonk een zware Basstem uit de
speaker.

Heinz hield zijn hand voor de mond als teken vervormd.

'Goede avond meneer. Dank je om even naar ons te willen
luisteren , het gaat namelijk over onze vriendin Kim Claes. Die
zit momenteel in een lastig parket.'

Patrick vertelde hem zonder leugens het ganse verhaal , wat
geen enkele keer door de luisteraar onderbroken werd.

Met bedankt werd de lijn verbroken.

'Die gaat nu als de hel zijn ondergeschikten een trap onder
hun vuile broek geven. Kan je voorstellen dat iemand zijn
nummer weet of mag weten . One / zero for the homefront .'

'Kom we gaan naar het terras , ik heb zo een idee dat er wat
beweging gaat komen.'

Een tafel gevuld met Tapa's met enkele flessen drank vulde
het terras. Allen zaten te wachten op de kolonel zijn reactie die
een uur later werkelijk werd. De eerste die zijn boosheid liet
zien was een politiehelikopter die met zijn camera's naar
beneden wijzend, rond het hospitaal cirkelde.

Patrick kreeg een bericht en moest even lachen :' De kolonel heeft ons ook gevonden. Dag meneer, wat kan ik voor je doen?'

'Hier weg blijven, als ze met hun poten niet van mijn soldaat blijven schiet ik dit dorp naar de vergetelheid.'

'Kunnen we toch niet helpen Kolonel ? Hier wonen heel wat brave mensen , die zich trachten te redden in deze miserie.'

'Als je een been naar hier beweegt , spreek niemand nog van je. Die onnozel flikken denken dat ze alles weten .

We vernemen wel wat de Luitenante wenst. Oh als je geïnteresseerd bent, zeg dan tegen je pruts hacker dat hij op regio 87 alles kan volgen.'

Allen keken Heinz aan .

'Dat bestaat niet. Hij geeft ons exclusie toegang, dank je wel onbekende vriend.'

' Daar, daar ! ' Inga had als eerste de twee Agusta helikopters opgemerkt. Omdat ze veel te ver van het gebeuren zaten, schakelde Heinz de Tv toestellen in op regio 87. Plots zagen ze lijfbeelden via talloze camera's .

' Dat zijn hun persoonlijke camera's. Iedere DSU geeft ons een beeld. Je kan kiezen, amaai die vent is echt smoor op haar.'

'Heinz ! Schakel de kapitein van de tweede eens in die ziet er nogal uit als , ik klop op je muil .'

Ze zagen armen bevelen geven aan echte ruimte wezens. Volledig in het schemerblauw en tot de tanden bewapend stonden de soldaten klaar om hun opdracht te volbrengen. Een armbevel deed ze uit het toestel stappen, even later gevolgd door een camerazicht.

' Oké laat ons bidden op haar redding.'

Ze zagen dat de DSU agenten de politie en ander volk gewoon opzij duwden.

Kim was na haar bericht opnieuw in slaap gevallen, ze werd gewekt door het tumult dat alle aanwezigen maakten.

' Verdomme ! Ik hoop dat Mark geen extra troepen erbij heeft gehaald.'

Vermits de nachtkijker tijdens haar bewusteloosheid was blijven aanstaan, waren de batterijen leeg. Ze rekende daarom op haar Ledlamp en de lampen onder de pistolen om naar de deuropening van het motorhuis te kijken.

' Ja natuurlijk, waarom zou het ook langs hier moeten geopend worden.'

Het plots verdwijnen van alle geluiden maakte haar alert voor gevaar. Ze richtte haar beide wapens in de liftkoker.

' Luitenant Claes !' Ze schrok van de luide stem.

' Kolonel Van Deun hier. Als je nog hier bent en me hoort, maak dan eens duidelijk waar je zit. Er is geen gevaar meer. Je compagnie is hier om je op te halen. We luisteren . Iedereen houdt nu op mijn bevel zijn mond toe .'

'Eddy! Hoe komt die hier ? Zou dat wel waar zijn ?'

Tien minuten later klonk opnieuw zijn stem door het hospitaal.

' Oké , je bent voorzichtig zoals altijd. Luister naar je kapitein.'

'Kim, Jozef D'hondt hier. Nick name Zandvlo. Jij Black Cat Afghanistan, wij twee, gekruist meisje, vier daders. Onze laatste opdracht. Dan DSU, Brugge.'

Bijna hadt ze de pistolen laten vallen, met moeite kon ze haar tranen bedwingen: ' Nu niet janken Kim, ze zijn zo bij je dan is jouw stoer imago ook foetsie.'

'Hé hier in de liftschacht.' Ze sloeg met een pistool tegen het gebinte wat in het gans gebouw hoorbaar was.

Brandweer mannen begonnen overal de liftdeuren open te breken.

' Luitenant we vinden je niet , maak je duidelijk.'

'Hé ! Dit is een buitengewoon goed plaatsje makker , die anderen vonden mij ook niet. Oké dit gaat mijn schattig hoofdje pijn doen.'

Ze vuurde een lader leeg door het aluminium platen dak van de cabine, waardoor de aanwezigen op het hospitaal dak zich een bult schrokken.

Met haar beide handen aan haar hoofd werd ze voorzichtig uit het hokje gehaald.

De medic van haar compagnie knielde naast haar , onderzocht haar vluchtig en stak zijn duim op waarna Kim applaus kreeg van alle omstaanders.

'Doc, laat die gekken eens ophouden. Mijn bolleke wil het .'

Voorzichtig legden de DSU mannen haar op een draagberrie om haar zo naar de helikopter te brengen. De kolonel kwam tot bij haar.

' Zo Claes , is dit jouw werk? Is dat niet een beetje TE ?'

' Ruzie met mijn ex man Kolonel. Spijtig niet afgewerkt.'

De man had het begrepen, hij deed teken van inladen.

De DSU mannen verdwenen samen met haar, omstaanders en de aanwezige hulpdiensten verbaasd achterlatend.

De commissaris van Hoboken kwam nog aangelopen met het protest dat het zijn gemeente was, en hij haar graag vragen wou stellen.

Met een grijns die zelfs een hyena zou afschrikken keek Eddy hem aan.

'Vriend. Schrijf jij nog maar wat parkeerbonnen uit.

Dat is er één van ons , en daar blijf je af . Begrepen ?'

De kolonel keek het opstijgend toestel met Kim erin na.

'Trouwens, volgens mij was ze een brave inwoonster van je gemeente. En als ik mijn soldaat goed ken, blijft ze ondanks alles hier wonen.

Eén waarschuwing goud gallon, neus niet naar haar, of we komen je even kittelen.'

De kolonel deed het ronddraaiend teken opstijgen, waarna alle toestellen verdwenen .

Zoals hij voorspeld had was Kim recht gestaan en keek haar ex collega's aan die allen hun helm en masker hadden afgezet.

' Dag mannen , bedankt. Ik kom jullie later kussen, maar wil je me nog een plezier doen ? Zet me af op het waterhuis. Daar zijn mensen die mij geholpen hebben om dat daar te overleven.'

Na wat over en weer gepraat hing de helikopter op geen meter boven het huis. Voor de nieuwsgierige buurtbewoners was er slechts een halve seconde een figuur te zien die uit het toestel sprong.

Kim salueerde het weg vliegend toestel.

' Thanks boys . Ik sta in schuld.'

Vol verwachting hadden de bewoners de maneuvers van de

DSU camera's gevolgd. Nu ze wisten dat Kim boven op het dak stond, wachten allen vol ongeduld op haar.

De vrouwen liepen haar te hulp nadat Kim de trap afkwam. Wat ze bemerkten, was een vrouw die het even gehad hadt.

' Kom meisje je bent veilig nu. Neen geen vragen of antwoorden nu. Wees welkom en rust.'

De rusttijd

Gekleed in een kort rokje met een nogal open T-shirt, kwam Kim fluitend de living ingelopen.

' Patje roep je troepen eens te samen, ik wil jullie alles vertellen. Jullie verdienen het.'

' Dit is het , slechts wij 5. De rest is naar de markt , die zou er vanaf vandaag terug staan.'

Een week was het geleden dat Kim uit de helikopter sprong. Buiten rusten en wat eten had ze niet veel gedaan.

Ze vond zich nu terug volledig in orde, daarom deze uitbarsting van vertrouwen.

Ze zou wachten tot alle bewoners aanwezig waren om haar verhaal te vernemen. Ze zou het zonder enige schaamte vertelden.

Fien glimlachte haar toe en wees op een zetel naast haar.

' Kim ! Hoeveel engelbewaarders heb je eigenlijk? Jonge toch wel straf voor zo'n magere griet als jij. Hier een lolly.'

Kim streek over de grijze haren van Fien : ' Gij bent me ook een pak onnozelheid. Bedreigt me met een bezemsteel, sorry twee bezems als haar tweeloop. Laat haar kot afbranden voor mij, en stuurt haar zoon naar de hel. Dank je schatje , ik sta in't krijt bij jou.'

' En nu ?' Myrthe keek haar recht in de ogen:' Nog wraak ? Of ga je beseffen dat de ultieme wraak niet bestaat. Er zal daarna een donker gat overblijven.'

' Myrthe , dat is praat voor de zottendokters. Als je moest weten hoeveel liters bloed en dan bedoel ik vaten vol, ik al verwerkt heb.

Neen , dat gat is al gedicht met het zien van Anna. Daar ga ik voor. En neen, geen commentaar. Mijn missie is nog niet voltooid.'

Patrick gaf haar twee kranten.

' Dat denkt de wereld van jouw feestjes.'

< Moord en doodslag in Hoboken. De krant wist te vertellen dat er een geheimzinnige moordenaar rondliep in het dorp, zo getuigden de flatbewoners.>

'Juist en alleman in de flat schoot terug met waterpistolen.'

Kim wierp de krant op tafel en nam de volgende . Op de ganse voorpagina stond slechts één artikel.

< Dood en verderf in het hospitaal.> Ze las het artikel dat opnieuw een geheimzinnige moordenaar vernoemde. Een dodelijk gekwetste werd door de groep Diana afgevoerd, er zou later over bericht worden.

'Of we weten niets . Goed zo dat zal Mark rustig maken.'

'Wil je ook het nieuws zien? Er staat niets bijzonder in buiten een interview met de Spin.'

Kim moest lachen bij de verklaring van de spin man dat zware oorlogswapens deze dagen een must waren om je veilig te voelen.

'Ze vermoorden je voor een krop sla meneer.'

Heinz gaf haar een dvd speler :' De heks van 't waterhuis heeft dit laten opnemen voor jou.'

Fientje stak haar middenvinger in de lucht:' Daar den dikke Duits zegt ook wat , zie maar dat alles erop staat.'

Benieuwd zette Kim het toestel aan, waarna de stem van Anna uit de Dvd weerklonk.

Beverig luisterde ze naar de conversaties die Fien met haar voerde, tot ze besefte dat de gesprekken dag na dag langzaam overgingen op haar zelf.

'Wacht eens even Kim, je gaat nu ons laatste gesprek horen. Luister goed het is belangrijk, denk ik toch. Het was echt niet moeilijk om haar te overtuigen dat je nog leeft, dat heb je zelf gehoord.'

< Halo Fientje zal ik je eens wat vertellen ? Mijn pa werd door het merendeel van zijn mannen verlaten, buiten André en vier profiteurs woont hier niemand meer, alle meisjes zijn ook weg. Amaai Fien mijn pa is al dronken en 't is nog geen 15u. Zou de politie weten waar mijn ma woont , ik zou haar graag nog eens omhelzen.>

< Dat denk ik niet Anna, anders had je vader haar al omgebracht.

Al dat schieten verleden week was tegen je ma gericht , helaas blijkt ze beter te zijn. >

< Ja dat geloof ik graag , ze heeft thuis een kast vol medailles>

< Hé! > Een dronken stem klonk woest door de luidspreker:

< met wie ben je aan't praten ? Weer met dat oud wijf van hierover ?>

< Ja, en die weet dat mijn ma nog leeft, en dat jij haar probeert te vermoorden , ik haat je. >

< Geef dat ding hier ! > Een harde klap deed vermoeden dat Anna een slag gekregen had , ze hoorden haar toch huilen:

< en jij groot bakkes ! Gij gaat eraan, zowaar ik de zeeman ben>

Stil en een beetje verwezen keek ze naar het toestel dat gestopt was met geluid voort te brengen .

Voor Kim opnieuw door haar emoties bevangen werd, hoorden ze voetstappen de trap opkomen. Vrolijke stemmen vulden de traphal.

' Oh zeg ! Wat een knap kind zit er hier aan tafel.'

Bert gaf aan alle aanwezige vrouwen een bosje lente bloemen.

' De markt is een succes, slechts vijf kramen en niks met voedsel. Patje we moeten morgen met het vlot naar de kade, wij hebben jong vers plantgoed besteld. Een volle camionette met allerlei lekkers in. Die marskramer doet daar zaken, bijna alleman koopt bij hem. Ik denk dat Hoboken zijn les geleerd heeft, en nu overal groenten plant. Ik zag in elk geval er ene boven op zijn plat dak bezig met planten .'

' Zo! Het komt dus goed , dat is leuk nieuws .'

' Wie weet nu zo iets ? Assam denkt daar toch een beetje anders over.'

' Helaas maar ja. Terwijl de vrouwen zich te pletter keken aan de vijf kramen , ben ik even bij mijn neef geweest. Die wist heel wat raars te vertellen , eerst dat Mieleke en zijn Jozeke terug in de winkel staan, maar geen gram vlees aan gekleurden verkoopt en een riotgun klaar heeft liggen. Maar het echte nieuws komt uit mijn oude buurt. Ondanks veel tegenkanting blijkt dat er nog steeds mensen bestaan die hier graag willen wonen, desnoods met geweld.

Er wordt gefluisterd dat een zekere zeeman graag met hen wil samenwerken, terwijl iedereen weet van alle deserties in zijn kamp.

Er wordt ook verteld dat hij gaat verhuizen.'

Dat nieuws moesten ze toch even laten bezinking, ze waren zo even Kim vergeten die daar dankbaar gebruik van maakte om rustig alsof er niets gebeurt was aan de openhaard te gaan zitten.

' Mag ik eens iets voorstellen?' Kris keek de verzamelde mensen aan: ' die meneer Miel , kan die niet naar hier gehaald worden ?

Het zou het hier een beetje goedkoper maken, enfin wat vlees betreft toch.'

'Dat moet je ons eens uitleggen, we kunnen niet iedereen in leven houden, ook al zijn ze nuttig. Dat hebben we deze winter meegemaakt. Maar we luisteren.'

Patrick nam een blad papier zodat hij gesproken cijfers kon optekenen. Hij zag wel dat Kris twijfelde .

'Kom op vertel.'

'Als Miel hier is kunnen we hele dieren kopen, en geen duur versneden vlees, plus dat hij de betere er uit zou halen .Wees nu eerlijk, die laatste beefsteak wou Bass zelfs niet.'

' Ah en waar gaan we dat bewaren ? Plaats om extra vriezers

is er eigenlijk niet , en we hebben allemaal minder.'

Caroline keek haar man quasiboos aan.

' Gij moet je tater houden Bert , je bent vet genoeg er kan wat af . Kris zal daar ook wel aan gedacht hebben.'

' Wel eigenlijk niet, ik dacht dat jullie zoiets wel konden oplossen. Het huis is groot genoeg.'

'Bravo jongen, ik zit al wat tijd te denken hoe we het stroomverbruik van alle vriezers en ijskasten zouden kunnen verlagen. Eigenlijk is het simpel maar ge moet er voor openstaan.'

'Hoor hem! Rik gaat zijn hersenen eens laten werken. De Bert luistert.'

' Bert als je verstand zo groot als je buik zou zijn, was je de nieuwe Einstein. Maar alle gekheid op een stokje. Kijk eens naar ginder. Daar werden vroeger schepen gebouwd, en hoe denk je dat de bemanning in de tropen nog vers voedsel kreeg? Grote koelcellen vriend , en die zouden ons inderdaad heel wat energie besparen.

We moeten wel beneden de slaapkamers opofferen , maar voor Bert is dat zeker oké , daar kan er dan niemand meer bijkomen.'

Terwijl allen plannen maakten draaide Kim 's hersenen overuren .

Ze moest dringend aan wapens geraken, haar werpmessen en vlindermessen zouden niet veel resultaat uitmaken .

< Verdorie Eddy waarom nam je mijn pistolen af? >

Assam stond naar de vrouw te kijken die heel ver weg was met haar gedachten.

'Ai ! Pot vol koffie ben ik je brief vergeten. André gaf me die op de markt .'

Heel ver weg met haar gedachten had ze de woorden van Assam niet gehoord.

' Hallo Kim ! Aarde hier. Wees welkom op de verzopen planeet.'

Hij hield de omslag voor haar ogen waardoor Kim in de werkelijkheid terugkwam.

' Oh , oké, bedankt.'

'Er zit een brief in.' Assam verwijderde zich denkend dat Kim helemaal niet oké was.

Ze liep naar de tafel waar heel veel vragende gezichten haar aankeken.

' Wat is dat ?' Ze duidde een glas aan dat gevuld was met een amber kleurige vloeistof.

' Cognac , duur merk .'

In één slok dronk ze Heinz zijn Asbah leeg , zette zich en keek naar de briefomslag voor haar.

' De brief was al geschreven, hij verwachtte ons dus. Op de enveloppe sluiting is een spin getekend.'

Meer had Kim niet nodig om meer dan normaal alert te zijn.

Ze hield de omslag naar het licht , stond recht en liep naar de verste spoelbak in huis. Daar deed ze wegwerp handschoenen aan, dan sneed ze de briefomslag voorzichtig open.

Ze schudde de inhoud in de spoelbak uit. Een gevouwen A4 blad schoof uit zijn bescherming.

Ze nam de A4 voorzichtig vast, vouwde het open en keek naar een afgedrukte foto.

Na een vloek kwam ze terug aan tafel met het vel papier.

' Afblijven, maar kijken ! Wat zien jullie. Neen Bert afblijven, je weet nooit wat voor vieze dingen er aangebracht zijn.'

' Hé dat is de spinnenkop, is dat niet Patje zijn geweer dat daar op de kast staat ? Vreemde foto. Waarom kreeg je dit Kim?

' Moet ik nu echt eerlijk zijn? Dat weet ik niet echt vrienden. Als ik deze foto ontleed, zie ik de spin met op de achtergrond twee van mijn wapens. De M1 van Patje en mijn P90. Doch dat is niet het belangrijkste wat er op staat. Wie ziet het ?'

De foto werd volledig ontleed, maar niemand wist het antwoord.

' De stok. Hij heeft een stuk bezemsteel vast , ik sneed die op maat om tussen de liftdeuren te steken. Verdomme spin je redde mijn leven, maar waarom?'

' Bedoel je nu dat hij wist waar je weggekropen was ?'

' Het derde verdiep heb ik nooit dichtgedaan, toch was het afgesloten. Wat nu?'

' Er staat iets op de achterkant.'

Slecht 1-1 en een GSM nummer stonden er geschreven.

Ze schreef een sms naar het nummer, slechts luttele seconden later werd er een nogal donkere foto toegezonden .

'Heinz kan je dit vergroten , ik heb het idee dat het de liftkoker is.'

Dat was voor hem een kinderspel, even later stond het beeld op het Tv scherm.

'Amaai , mijn laars is voor een stuk te zien. Zie hij excuseert zich.'

Duidelijk stond er sorry opgeschreven.

' Nee vent , I own you my live. Assam zoek hem en geef hem dit.

Je kent hem, die mens moet uit alle moeilijkheden blijven. '

Ze tekende een grote kus op de achterkant met een Oké en gaf de brief aan Assam: 'Doe het. Zeg hem dat hij bij Mark moet wegblijven, ik kom terug afrekenen.'

' Zeg ! Ben je niet wat vergeten ? ' Monica zat haar te bekijken met een niet te vrolijk gezicht:' Mijn schouder en Bass zijn oor.'

' Wel Monica, eigenlijk heb ik daar sinds die dag toch mijn bedenkingen over. Vertel ons eens hoever je van hem stond bij het schot.'

' Zeker vijf meter.'

' Zie je! Ik kan je op die afstand geblinddoekt raken met de achterkant van het wapen. En alle volgende kogels misten zelfs de sloep. En Laura ! Wat moeten we daar van denken ? Je kent hem, is hij minder agressief dan de verhalen laten geloven ?'

Die zat even na te denken , wetend dat haar antwoord de doorslag zou geven.

' Wat ik weet, is dat hij nooit zijn moeder wat aangedaan heeft ; die stierf toen hij twaalf was. Hij verzorgt nog steeds zijn wat invalide zuster, dat staat vast.'

Kim was zich zeer bewust dat allen nu naar haar zaten te kijken.

'Dus onschuldig. Waarom dan die al die aanvallen naar marktlopers.'

' Mark maakte van hem nummer twee gewoon om de vele

connecties die André heeft. Misschien doet hij stoer als er andere bendeleden bij zijn . Maar dat is voor mij ook een veronderstelling. Ikzelf zag hem nooit wat verkeert doen of zeggen, en hij wordt door je dochter aanbeden. Ze noemt hem zelfs haar lieve peter.'

' Als ik het goed begrijp is het niet André maar zijn connecties die tellen. Wie kent de spinnenkop dan dat hij onmisbaar is?'

Laura trok haar schouders op :' Dat antwoord moet ik je schuldig blijven , maar de laatste tijd waren er regelmatig wapens in huis. Steeds als de André naar Antwerpen ging was er veel geld in huis.'

' Heb je ooit de naam Ho-Yan gehoord ?'

Laura dacht even na over wie ze zoal kende :' Neen , zo iemand ken ik niet. Maar misschien is het wel de gele aap zoals Mark hem noemt.'

' Dus toch. Ik had al de indruk dat meneer Ho-Yan en zijn bazen me wat te graag aan wapens hielpen. Ik denk ook dat de zeeman te gulzig werd , maar vooral te gevaarlijk . Ooit komen er vragen waar plots al dat zwaar schietgerei vandaan komt, zeker als er mensen zijn die op de politie beginnen te vuren.'

' Goed Kim , je maakte je standpunt duidelijk. Toch zal ik hem hier niet toelaten. Het kan gewoon niet.'

' Patje , dat vraagt niemand. Als mijn denkpiste juist is zal Ho-Yan en zijn aanhang het hier overnemen , misschien met André aan het hoofd. Die is duidelijk niet bang. Ik zal jullie nu mijn weekend aan land vertellen , oordeel zelf.'

Stil zaten alle aanwezigen naar haar voorbije strijd te luisteren, Soms met een ai of jakkes verbeelde iedereen het op zijn eigen manier.

'Kim ! Ik zeg het nog eens. Laat het vallen, je ex krijgt zijn straf wel.'

'Patje ! Doe geen moeite, zo vlug ik wapens heb zoek ik hem.'

De reacties waren zeer verdeeld, toch kon niemand haar van gedachte doen veranderen.

'Als mijn neef het bij het rechte eind heeft , komt de zeeman met mijn oude vrienden naar hier. Misschien is het nuttig om Mho regelmatig op te bellen .'

Monica zuchtte luidop:' Verdorie toch, waarom laten ze ons nu niet gewoon gerust . Ze zien toch ook hoe groot het hier is , wij kunnen geen stad in leven houden. Maar eigenlijk ben ik nu toe aan een aperitief.'

Volmondig stemden allen in met haar voorstel, waarna de gebruikelijke avond routine er aankwam.

Het avondmaal was opnieuw lekker, Kris hadt weer eens bewezen dat lekker voedsel niet uit dure ingrediënten moest bestaan.

' Kris ! Morgen gaat de brief terug , we gaan Miel en zijn madam uitnodigen . Als ze komen hebben we flink wat werk voor de boeg.

Namelijk diepvries koelcellen bouwen.'

Fien nam Kim bij de arm: 'Als je dan toch de heldin wil uithangen ! Bel de taxi en laat hem de Mercedes zoeken, hij valt niet op.'

1 Mei

De beenhouwer aanvaarde zonder hapering het aanbod van het huis. Na een dag waren de bouwplannen al klaar, waarna er rond gesurft werd naar het benodigde materiaal.

Kim stond op het balkon te kijken naar de vier mensen die met de sloep onderweg waren. Fien kwam naast haar staan, en nam haar hand vast.

' Het komt goed meisje , je staat er niet alleen voor . Heel misschien heeft de zeeman afgehaakt ! Alhoewel mijn oude knoken iets anders vertellen. Maar met een pennenmes zal je niet veel kunnen waarmaken. Toch zou ik niet te dikwijls op het terras verschijnen, je weet nooit wie ginder naar je uitkijkt.'

' We hebben de kolonel zijn nummer, in tijd van nood vraag ik wapens aan hem. Alhoewel ik hem hieruit wil laten ben ik toch van plan om hem over de nakende rovers te vertellen.

Hij heeft een gruwelijke hekel aan gewapende burgers, we zagen ooit genoeg miserie veroorzaakt door brave mensen.'

' Dan is het te hopen dat die brave man niet gestraft wordt. En dat om een ellendige zeeman en wat dwaze Moren .'

' Daar gaat het niet om Fien, Anna is mijn doel. Als hij vertrekt , zal hij leven.'

De dag verliep zoals alle gewone dagen. De markt lopers kwamen terug met heugelijk nieuws. Op 1Mei zou er terug een kermis komen zoals al honderd jaar gedaan werd.

De burgemeester had een plan uitgewerkt om zijn dorp uit de verdoemdenhoek te halen.

Zelfs het wielercriterium zou doorgaan, wel kwamen er geen

grote namen deelnemen.

De foorkramers kwamen hun attracties opbouwen onder bescherming van soldaten. De markt werd in een oude cinema ondergebracht, waar toegang streng gecontroleerd werd door politie met metaaldetectors. Op straat was er ook meer zwaar bewapend blauw te zien.

Toch was dat allemaal aanvaart door de bewoners , die onder een stralende zon graag naar hun geliefd dorp kwamen feestvieren.

Een vrouw van rond de vijftig zat rustig op de ronde bank die midden het volkshuis stond. Vandaar bekeek ze zonder de ingang uit het oog te verliezen, de reproducties van bekende schilderijen.

Ook hier was er bewaking aanwezig. Toch was haar handtas niet op slot waarin een browning pistool het enige item was.

Kim had lang getwijfeld , maar wist dat er een kleine kans was om Anna te zien er zeker inzat.

De maskerade was vlug gebeurt, waarna een jetski haar naar de oever bracht . Ze duwde het ding in een ondergelopen huis en liep langs achter weer naar buiten.

Met een zak gemengde noten zat ze rustig te kijken naar al de vrolijke mensen die nu genoten van hun teruggekeerde levenslust.

Een groepje jonge mannen kwam de zaal in met een air dat het hier allemaal van hen was.

Zonder enige aanwijzing wist ze wie de leider was , zeker nadat de naam Ghali gevallen was.

Hij trok zijn schouders op en verdween weer gevolgd door

zijn aanhang.

Ze stond op en volgde rustig de opvallende groep.

De cinemazaal werd niet bezocht, zodat ze wist dat er wapens aanwezig waren.

Het bellen en toeteren gemengd met de lokroepen van alle kermismensen liet haar even wegdromen naar haar jeugd, waardoor ze het contact met Ghali verloor. Rondkijkend zag ze hen een café binnenstappen. Zonder enige aarzeling volgde Kim de mannen, en schrok bij wie ze halthielden.

Alhoewel het druk was in de zaak zat de spinnenkop alleen aan een tafel, zijn reputatie was dus nog levendig.

Kim liep met de intentie om naar het wc te gaan de tafel voorbij.

Ze werd even nagekeken door André, die zich dan bezig ging houden met Ghali en zijn mannen.

De tafel was al door anderen bezet bij haar terugkomst. Ze liep rustig naar buiten waar Kim de groep bij de autoscooters zag staan .

De spinnenkop was echter verdwenen.

Rustig zoals een toeschouwer zou doen zette ze zich naast de groep en deed alsof de bots auto's haar interesse hadden.

Helaas spraken de leden hun moedertaal zodat ze er niets van begreep.

Na even twijfelen liep ze denkend dat de meeste mensen altijd rechts aanhielden, langs links de kermis rond.

Moe na uren rondkijken verliet Kim de kermis. Aan het ijssalon dacht ze even Anna te zien, doch een ander gelaat keek haar aan.

'Kom Kim huiswaarts, ge ziet spoken. Morgen staat de foor er nog.'

Bert was de eerste die haar begroette :' Hoy Kim. Was het leuk Heb je in de rups gezeten? Jonge ventjes kussen !'

' Ik kreeg geen kans Bert , ze wachten allen op jou. Kan ik nog helpen met het huishouden ? Ik moet me toch excuseren dat ik jullie alles alleen laat doen.'

Bert knikte slechts, en ging voort met het verzorgen van de waterbakken.

Aan tafel excuseerde ze zich aan allen :' Toch ga ik terug , misschien ontmoet ik Anna.'

Het werd door allen zonder morren aanvaart, ze wisten toch dat Kim hier anders zou verdwijnen.

Fien zei dat ze een beetje moe was en zich terugtrok in haar kamer.

Een glimlach bij de meesten deed Kim vermoeden dat niemand haar geloofde. Na een uur liep Myrthe tot de slaapkamer en kwam lachend terug.' Pfff , amaai die kan snurken.'

Fien die altijd bij de eerste wakker was, en altijd mee het ontbijt klaarmaakte liet het de volgende morgen afweten .

Patrick werd zenuwachtig nadat de eerste ont-bijters al klaar waren en Fien er nog niet op was.

Myrthe ging aankloppen . De aanwezigen wisten aan haar gelaat te zien dat het niet oké was.

Monica snelde naar de slaapkamer om even later wenend buiten te komen :' Waarschijnlijk haar hart.'

Kim knielde bij het levenloos lichaam en kuste Fien op het

hoofd.

' Vaarwel lieve schat, bedankt dat ik je mocht leren kennen.'

Ze deed de schuif van het nachtkastje open waar een brief met haar testament inlag.

'Dat heeft ze mij vertelt.' Ze gaf de brief aan Patrick:' Voor jou Patje.'

Een kleine sleutel met een banknummer kwam tevoorschijn. Een briefje in een prachtig handschrift vergezelde het.

< Snot joeng, bedankt. Als Kim het niet haalt, betaal haar schuld dan aan die Chinees, de rest mag je naar goeddunken opbrassen.

Vergeet mijn kleine schat Anna niet. Tot ziens in de hel.

PS: geen cent gestolen , alles eerlijk verdiend. De bruine omslag is voor mijn advocaat.>

Ondanks de treurnis , kon een lach niet onderdrukt worden.

' Typisch Fien. We hebben de droeve plicht om haar een deftige begrafenis te schenken. Heinz roep een dokter en begrafenis ondernemer op. We moeten haar dwaze zoon vinden.'

Dat probleem was snel opgelost, het adres stak in haar fotoboek.

'Zal ik morgen even langs gaan voor de kermis open is .'

Wetend hoe zij over die brutale zoon dacht , keken allen even naar Kim.

'Goed Kim, wij willen hem echter op haar begrafenis zien. Levend.'

Terug verkleed ging ze eerst tot het adres van de zoon, welk ook in dit vreemd dorp voor haar niet moeilijk te vinden was. De deur werd door een slordig geklede man geopend, die flink stonk naar alcohol en nog wat onbekende reuken.

' Wat is't ? Kom je de mensen altijd voor de middag lastig vallen?'

' Meneer ik kom je het overlijden van je moeder melden . Een brief zal volgen.'

' Zo is dat oud wijf eindelijk dood? Dat is goed. Waar zijn haar spullen?'

Een seconde later braken zijn voortanden door de Browning die Kim in zijn mond ramde. Ze duwde de zoon zonder een woord het huis in dat stonk naar afval. Kreunend viel hij op de grond, en hield zijn mond vast.

' Dat oud wijf heet Fien en is mijn vriendin. Nog één opmerking en je ligt vroeger dan zij in een kuil , adres onbekend.'

Door de angst plaste de man in zijn broek.

' Wees op haar begrafenis, proper en gewassen of ik kom mijn deel van het deal afmaken. En dit is je enige waarschuwing. Klootzak.'

Ze sloeg hem nog op het hoofd met het pistool waardoor de zoon neerstortte, ze verliet fluitend het huis.

' Wat kan praten een mens toch opluchten.'

Vrolijk zette ze zich in beweging naar het dorpsplein om opnieuw op te gaan in de massa.

Kim ging zolang de kermis stond naar het dorp , na alle dagen zonder succes moest ze bekennen dat het ook nogal een geluk zou geweest zijn.

Zaterdag was de begrafenis , er heerste een wat zenuwachtige sfeer in het huis. De discussie verliep wie buiten Patrick nog allemaal hier moest blijven. Als hier niemand bleef was het open deur dag.

' Weet jullie wat ! Ik ga naar de kerk , amen en uit. Bert kan me makkelijk de trap afdragen. Neen ik beslis. Wie weet nu dat we allen weg zijn ?'

' Oh , zo iemand die altijd het huis bewaakt, een spion noemt men dat ook.' Kim wist dat niemand haar uitleg zou aanvaarden, niemand wou thuis blijven: ' Het zei zo. Ik verkleed me wel, niemand moet mijn prachtig gelaat herkennen.'

Er was meer volk dan gedacht was. De ex buren waren massaal aanwezig. Sommige kwamen de zoon condoleren, de meeste lieten hem zitten voor wat hij goed was.

Helemaal alleen op de voorste bank stak hij zijn middenvinger op en lachte luid.

Kim kon zich niet beheersen en stond recht. De man zag het gebeuren en kroop zowat terug in zijn eigen vel.

' Goed klootzak ik heb nog niet met je gedaan.'

Tevreden met zijn reactie wou ze zich opnieuw neerzetten maar schrok door de aanwezigheid van André.

Die had het ook gezien en dacht na waar hij die vrouw al eens ontmoette. Tijdens de dienst keek hij meermaals haar richting uit .

Kim bleef stokstijf naar voren kijken, zich zeer bewust van zijn aandacht. Haar grootste schok kwam bij het ter communie gaan .

Plots verscheen vanuit het niets Anna. Geflankeerd door bewakers die lange jassen droegen , liep het meisje naar het kansel waar ze even bij de urne bleef staan en knikte. Na de hostie verdween ze even vlug.

André zag de schok bij Kim en wist plots wie die vrouw was. Alsof hij per toeval opzij keek salueerde hij haar heel kort. Wat ze met een hoofdbuiging beantwoorde.

'Caro ' fluisterde Kim :' Ik kan niet mee naar het kerkhof. De spin heeft me herkent . Ik ga het huis bewaken. Onthoud de strooiplaats aub , ik ga later.'

Met haar hand in de handtas verdween ze zoals een schim uit de kerk.

Buiten keek ze rond in de hoop haar dochter nog te zien , slechts de Mercedes zag ze wegrijden.

'Kim Claes ! Het wordt hoogtijd dat je komaf maakt met je probleem.'.

Met een snik begon ze aan de terugweg naar huis.

Het eerste wat haar verraste was de stilte in het huis. Geen voetstappen , geen stemmen, niks dat de aanwezigheid van mensen verried.

Toch nam ze de browning in haar hand om vervolgens het ganse huis door te lopen. Bij de dieren bleef ze even staan , sinds de kinderen hier hielpen was alles pik fijn in orde.

De honderd piepkuikens die met Pasen aangekocht waren , deden hun best om volwassen voedsel te worden. De konijnen hadden hun eerste worp al achter de rug.

' Yep hier loopt het zoals het moet.'

Kim zette zich in een zetel om rustig na te denken , ze was zover weg met haar gedachten dat ze bijna de anderen niet hoorde thuiskomen.

' Alles veilig?' Riep Bert.

Even moest ze in de werkelijke wereld terugkomen.

'Kom maar , hier is niks te beleven.'

Alhoewel er niemand zin in had begonnen allen met de dagtaak.

'Vrienden , ik heb een vraag en eigenlijk het antwoordt al. Wat denken jullie ervan dat ik de kolonel inschakel om de rovers tegen te houden. Het is namelijk zo, als ze hun verstand gebruiken ze langs alle kanten gaan aanvallen. En wie van jullie kan en wil een wapen gebruiken.

De Kolonel is altijd razend op gewapende burgers, het komt dan ook zelden goed, dat heb ik meermaals mogen meemaken.'

'Ben jij ook helderzienster. Mho heeft geseind dat ze er klaar voor zijn. Volledig bewapend en voorzien van twee snelboten. Er zou ook een zwaar wapen aangekocht zijn .'

' Dat is ook zo , ik werd er met beschoten. Heinz mag ik je PC ruimte gebruiken ? Bel hem op we zien wel wat het wordt.'

Wat later was er verbinding met de kolonel gemaakt .Veel woorden hadden beiden niet nodig , met ' Ik zal het aan de minister vragen. was alles gezegd. Je krijgt morgen antwoord.'

Geen uur later kreeg Kim al terug telefoon. Heinz deed teken kom.

'Luitenante, Al Blaeskaeck hier. Minister van binnenlandse veiligheid. Je hebt een zeer terechte vraag aan je overste gesteld . Er kwam verleden week al een verzoek van de burgemeester en de commissaris van het dorp, wat ik ontvankelijk heb gemaakt door het pamflet naar het volk toe te ondertekenen. De kolonel is ervan op de hoogte en mag naar goeddunken handelen. Hopelijk wordt het hier geen klein-Azië.'

'Dank je wel Meneer de minister. Maar dat pamflet hebben wij niet gekregen, wij wonen nogal afgelegen.'

Even later stond het op het scherm.

< Aan alle inwoners van de gemeente Hoboken.

Het is bij ministerieel bericht verboden ook maar enig vuurwapen te bezitten zonder een officiële wapenvergunning.

Diegenen die deze regel overtreden zullen streng gestraft worden.

Het ministerie van buitenlandse zaken gaat volledig mee in het anti wapen bezit verbod.

De opgelegde bestraffing gaat van 10000€ tot de uitzetting uit België, zonder ooit nog de kans van terugkomst te hebben .

Alle bezittingen van de overtreder zullen verkocht worden te voordelen van een hulporganisatie .

En dit mensen is de enige en ware verwittiging , wij wensen geen oorlogsgebied te worden.

Voor geschillen hebben wij rechtbanken in allerlei soort. Maak daar gebruik van .

Getekend

Al Blaeskaeck. >

Kim drukte de tekst af, die ze aan de anderen liet lezen.

' Bizar ! Mho heeft daar niet over verteld. Daar klopt iets

niet.'

Mho zat opnieuw op zijn vaste stek in de moskee. De Iman was ook aanwezig, en zag er door het van het achterland komend voedsel al heel wat beter uit.

Hij had zojuist het vrijdaggebed beëindigd en wachtte rustig zittend op de andere sprekers.

Ghali zwaaide met een A4 papier.

' Wie gelooft hierin ? Denken ze hier nu dat een vodje papier ons kan weerhouden ? Neen, want die boetes zijn een pure belediging voor onze ouders die hier een toekomst hebben opgebouwd.

Welke idioot denkt dat ze onze eigendommen zo maar kunnen afnemen. Dat kan niet, er bestaat geen wet die dat rechtvaardigt . Hier toch niet , over Afrika spreken we niet.

Dus ! Wie gaat er morgen mee ? We zijn klaar, we moeten het nu doen, eens daar zijn er geen wapens meer nodig.'

' Idioot ! Ga jij al wat je ouders hier opgebouwd hebben vernietigen ? Wel ! Als één van mijn zonen je volgt, zal hij nooit kinderen kunnen maken ' de vroedvrouw keek Ghali boos aan.

Ze stak haar wijsvinger naar hem uit: ' Jij bent gewoon te lui om te werken . Wee hem die Ghali volgt , ik betreur nu al jullie lichamen.

Hopelijk gaat de Iman ze niet zegenen, moordenaars horen in onze moskee niet thuis.'

' Vrouw sinds wanneer mogen jullie hier praten? Verdwijn lelijke heks , ga maar wat kruisbeelden poetsen.'

'Hela Ghali beleefd blijven ' Mho was rechtgestaan om de woedende man te kalmeren.

'Straks moet ze misschien je wonden verzorgen . Je bent weer één klein detail vergeten , of zelfs twee, drie.
Je moet over water juist zoals aan het hospitaal is gebeurt , en weet je wat men fluistert ? Dat die slachtpartij door één schutter gebeurt is.'

'Juist , en mijn grootmoeder was een giraf. Man geloof jij nu zoiets? Ja simpel ben je altijd geweest.
Maar ik ga . Zij die achterblijven hebben niets. Trouwens Mho waarom verdedig je altijd de anderen. Is het omdat die halve blanke neef van je met zijn blank hoer daar woont? We moeten je uitschakelen man, je bent een spion van hen. Ik sprak.'
Gemurmel steeg op, Ghali genoot zichtbaar van zijn uitspraak.
Hij wees naar Mho :' Jij bent ons eerst slachtoffer. Loser.'
Alle aanwezigen verlieten de moskee . Ghali's aanhangers gingen rond Mho staan.

'Zo rat, vertel ons eens wat ze ginds van ons weten ? Het kan je leven verlengen.'

' Ghali wees dapper man. Ga naar huis, misschien mag je nog binnen . Ik ben geen spion , noch zot.'
Ghali lachte hem toe , en stak een mes tussen zijn ribben.

' Voilà hond sterf in de goot zoals alle ratten doen .'
Niet veel later werd de angst van Assam bevestigd.

' Assam 't is voor morgen. Ze hebben me neergestoken.'
Een gereutel deed hem beseffen dat zijn neef stervende was.
Vlug vormde hij het hulpnummer in de hoop dat Mho snel gevonden werd.

Een beetje uit het lood geslagen ging Assam naar de vrienden.
'Mho is neergestoken , ze komen morgen .'
Myrthe stak een kaars aan: ' Assam voor Mho.'
Die knikte slechts om daarna met Melissa naar zijn kamer te verdwijnen.
Kim keek naar haar handen: 'Zo de teerling is geworpen. Tijd om de stormtroepen op te roepen.'
Ze belde de kolonel op. Met de vraag voor een volledige dropping.
Die vroeg wat ze wou ? Met het wordt straks gedropt.
' Een P90 , ik heb nog wat laders over , en een FN Mag 30 is oké. En graag mijn pistolen terug , ze zijn nog niet betaald.'
De vrienden begrepen niet echt hoe zij zo koel kon blijven. Bij hen steeg de bloeddruk snel.
' Kim !' Patrick reed tot bij haar:' Hopelijk staat er hier straks nog wat recht. Geen enkele krop sla is een mensenleven waard.'
' Patje ! Al die zever komt niet door mij. Zonder mij zouden ze het hier ook proberen over te nemen. Dus is het mijn plicht om het voor jullie te bewaren. Nu is het wachten op mijn pakket en hun volgende zet. Ze komen heel waarschijnlijk als het donker is.'
'Dat is niet erg Kim , er hangen verstralers bij de camera's. Licht genoeg.'
Assam kwam terug de living in tot bij Kim.
'Kim ik heb nog nooit een wapen afgevuurd, toch ga ik helpen. Kan je me snel uitleg geven over één uit de kast,'
'Assam jongen, blijf kalm. Er komt een volledig dopping.

Geloof me vriend die wil je niet als vijand tegenkomen. Toch bedankt.'

Ze stapte op duister terras waarvandaan ze verlichte werken bezig zag.

Patrick kwam naast haar staan.

' Zie je Patje , daar zijn ze goed gek . Iedereen weet nu dat ze klaar zijn. Massa hysterie is nooit goed.'

Waanzin

Ondanks alle afkeuringen en familie ruzie 's , werd Ghali's oproep door meer dan vijftig gewapenden gevolgd.

Twee snelle Dinghy's zouden de hoofdmacht naar het huis brengen, kano's en ander drijvend materiaal bracht de rest .

De zware browning punt 50 stond op een vlot met twee buitenmotoren gemonteerd. Ghali glunderde bij het bekijken van zijn strijdmacht.

Even keek hij omhoog naar een helikopter die in de duisternis overvloog, doch zonder te stoppen gewoon doorvloog. De tweede die op fluistertoon tot aan het huis vloog bleef onopgemerkt.

Kim liep naar het dak waar de eerste helpers al rondliepen .

Ze wachtte tot alle zes agenten geland waren en begeleidde hen naar beneden. Verbazing alom in de living bij het verschijnen van de groep.

' Patje , je hulp. Doe aub alle luiken dicht . Je kan hier blijven , de rest van het gebouw moet je verduisteren. '

Ze richtte zich tot de agenten :' Kapitein , we kunnen overal rond naar buiten , terrassen aan alle kanten.'

Die gaf haar een kaki draagzak ;' Met de groeten van de kolonel.'

Even later was ze niet meer te herkennen tussen de andere zes.

'Assam! Je gaat met mij mee. Je moet alleen de leider aanduiden.

De zeeman is niet nodig die ken ik. En dan ga terug je naar hier.'

' Luitenant Claes ! Misschien weet je het niet meer!

Maar volgens de kolonel ben nog steeds een actief lid van de brigade. Dus als ik het nog weet van uit de lessen ben ik je overste. Misschien kunnen we eerst overleggen, dan weet je zodra ook wat de planning is.'

Op haar plaats gezet keek ze haar vriend aan.

' Uuh jawel Kapitein , tot je orders.'

'De federale regering heeft voltallig en volmondig beslist dat er een duidelijk sein moet uitgaan naar alle volgende gezag-ondermijners . Er is beslist dat de nul tolerantie vanaf vandaag in het ganse land zal gelden. Gewapenden zullen als krijgsgevangen behandeld worden, en verdwijnen voor onbepaalde tijd in een militaire gevangenis .'

Kapitein D'Hondt moest even adem halen, lange verklaringen waren duidelijk zijn ding niet.

' Dan hebben ze daar ook wat te doen. Wat echter voor vandaag beslist is, is dat het herfst manoeuvre nu zal doorgaan. Dat noemt de kolonel het aangename aan het nodige koppelen. Dus Luitenante let goed op dat je geen

verkeerde neerlegt, alle onderdelen incluis wij zijn aanwezig ,
ze hebben geen schijn van kans.'

' Oh daarom alleen mijn normale dienstwapens. Oké ,
perfect.'

' Goed , iedereen naar boven en verdeel je op het dak. Wees
alert er mag niemand ontsnappen.'

' Kapitein je kan gebruik maken van de PC zaal, we hebben
infrarood en nachtzicht ' Patrick reed hem voor :' Je kan van
hier je mensen verwittigen.'

Dat vond hij perfect en deed teken met zijn wijsvinger en
duim tegen zijn oor , radio opzetten en luisteren.

'Oh leuk , dan hebben we tijd voor een pintje.'

Een gegniffel was hoorbaar : ' Bravo vier , denk nu niet dat ik
je stem niet herken , ik smijt je over de muur als je ook maar
één druppel aanraakt.'

Allen wisten dat het tussen beiden de gewoonte was om zo
wat stoom af te laten.

' Oké chef begrepen. Een koffie dan ? Met een koekje ? Mag
ik snel even gaan plassen Chef.'

Zonder omkijken wees hij naar achter :' weet wel dat ze hier
geen wc hebben , ze plassen over de reling.'

Onder algemeen gelach nam Kim haar mee naar de badkamer.
Even later was ze terug:' Bravo vier klaar voor dienst.'

'Amaai dat was snel. Goed neem je positie in, de kolonel
komt zou aan .'

'Follow je sergeante, kom op bende luiaards naar het dak.'

Kim nam de X-Bolt uit de kast , nam de doos patronen en wou
de rest volgen.

' Bravo twee vanwaar komt dat wapen ? Dat is verboden tuig.'

' Verleden jaar van de Kerstman gekregen voor mijn Sint.

Je kan het straks meenemen.'

Zonder nog op de Kapitein te letten begaf Kim zich naar het dak waar ze bemerkte dat de anderen zich nogal rustig voelden nu beneden de omtrek bewaakt werd.

Patrick kwam naast de Chef staan:' Sorry man , maar vindt je het niet een beetje overdreven . Ik denk dat ze snel zullen weerkeren als ze jullie bemerken.'

' Meneer zet al je camera's aan en geniet van het gratis spektakel. Zet maar op je TV's en het geluid aan dat is leuk , mijn chef heeft de gewoonte om de clown uit te hangen.'

Verwonderd reed hij naar de living waar op alle schermen de omgeving te zien was.

'Aandacht . Fluisteraar aanwezig . Aan allen, open je radio's.

Er wordt gewacht tot de doelen bewegen , open je zoeklicht na mijn GO. Er wordt alleen tegenvuur gegeven, geen nuttelozen doden .'

Allen op het dak voelden de luchtverplaatsing van de Apache helikopter zonder hem echter te zien. Kim keek om en zag een duister silhouet verderop boven het water hangen, ver genoeg om te zien, en juist niet gezien te worden.

' Transport 1 , Humvee 2 en 3 hoever moeten jullie nog ? Sea Lions 1 en 2 wat is jullie positie? '

'Humvee 1 en 2 aanwezig. Eén minuut tot kade. Transport volledig, honderd special forces . Witte jassen aanwezig.'

' Sea Lion 1 en 2 liggen op positie.'

' Hopelijk hebben jullie allen een propere onderbroek aan , de TV is aanwezig. Politie nachtwacht vliegt binnen na ontsteking. Succes.'

Patrick vroeg om uitleg want ze hoorde de baas wel maar begrepen er niets van.

De kapitein stak slechts zijn hand op :'Opgelet Bravo, doelen zijn verduisterd er komt beweging in , zet je nachtlampje maar aan.'

Ook in de living konden ze het afvaren zien. Het tempo werd door het vlot bepaald. De ganse groep vaartuigen moest boven de ondergelopen straten varen, wat een beetje vertraging opbracht.

' Hier Fluisteraar. Wacht tot ze niet meer terug kunnen. Start je motoren.'

'Assam ? Wie is de leider , ik denk die op het vlot .'

Hij nam haar nachtkijker en moest toegeven dat Ghali achter de punt 50 stond.

Ze lag met gespreide benen door de telelens te kijken. Met niks bijzonder was haar antwoord klaar.

' Aandacht geef ze nog twintig meter. Go Go Go.'

Alsof de zon op aarde was gevallen was de ganse watervlakte plots helder verlicht. Vanaf de kade schenen twee enorme schijnwerpers over het wateroppervlakte. Twee politie stormboten kwamen met hun zoeklichten aan in razende vaart op de vloot toe .

' Sea Lion 1, geef de eerste een muur.'

De eerste stormboot gaf een vuursalvo af dat voor de eerste Dinghy een watermuur toverde.

De stuurman stopte de motor en stak zijn handen in de lucht.

Op de kade ontplooiden de Humvee colone zich tot een ondoordringbaar obstakel, honderd soldaten liepen naar de waterkant waar ze stellingen betrokken. De twee politie helikopters vlogen ieder aan een zijkant van het terrein om eventuele vluchters te melden.

Een zoeklicht dat vanachter het gebouw kwam meldde de Apache.

' Aandacht daar beneden, dit is de federale overheid en wat vrienden . Gooi je wapens weg en vaar terug , je mama's wachten om je borstvoeding te geven. Je wapens gebruiken of trachten te vluchten heeft geen zin, je bent omsingeld . Leuk Hé.

Wil je toch de held uithangen , doe ons dat plezier aub , het is lang gelden dat we van een hoop mensen gehakt gemaakt hebben , we zijn er klaar voor.'

Kolonel Van Deun zag dat de meesten al naar de hemel grepen, de enige die stond te twijfelen was Ghali.

Kim zag het ook gebeuren en snoof de nachtlucht in.

' Kom maat beweeg eens , ik zal je pietje eens een andere plaats bezorgen.'

Kim hield Ghali in het dradenkruis , nu het vlot gestopt was lag het stil te dobberen. Dat bracht haar op een idee.

'Oké moedwillige aap , hier een na denker voor je volgende jaren.'

Ze verplaatste zich een millimeter en drukte af.

Het zware projectiel sloeg met een klap in de punt 50 , die door de kracht ronddraaide en de loop tegen Ghali's hoofd sloeg.

Ze zag hem neervallen :' Voilà! Wie niet horen wil moet het maar voelen.'

'Luitenant Claes, wie heeft je toestemming gegeven om het vuur te openen ? Dat wordt ballen rapen.'

De stem van Van Deun klonk bijna harder dan het schroefgeluid.

'Hela kolonel ! Wie zegt dat ik dat was ?'

'Wie anders? En vanwaar komt dat zwaar wapen ? Dat wordt krijgsraad.'

' Ik heb dat uit je kleerkast gestolen tijdens ons laatste seks uurtje.'

Het was even stil op de radio zodat ze talrijke luisteraars hoorde lachen.

' Hou beter de gevangenen in het oog, dan hier wat onnozele praat te verkopen. Kim ! Knap schot.'

De mannen rond haar klapten in de handen, een schouderklop van de kapitein kon er nog juist af. Ze zag zijn beteuterd gezicht en kon zich niet inhouden.

' Hahahaha , nu denk je dat de ganse compagnie al tussen mijn benen lag. Hahahaha nog niet, ik ga er eens over nadenken. Hahahaha jaloerse bok.'

' Oké genoeg gekheid. Team Bravo ingerukt en breng al de wapens mee die daar verborgen zijn , voor Claes mee de cel in kan . Ook wat ze zojuist geleend heeft, burgers hoeven geen wapens te bezitten.'

' Ik ben nog steeds in dienst en mag een wapen bezitten.'

'Kom Kim laat het voor hij zot wordt.'

'Dat heb ik gehoord Kapitein, insubordinatie staat gelijk met een rondje in de kantine voor Team Bravo, twee is ook goed.'

De mensen in de living hadden meer dan verbaast naar de krijgsverrichtingen gekeken, ze waren dan ook heel gelukkig met de afloop, dat bleek uit hun enthousiast ontvangst.

Patrick keek wel wat bedroeft bij het uitladen van de wapenkast, slecht een Browning pistool waar hij een vergunning voor had bleef achter.

' Geen probleem Patje , morgen koop ik nieuwe.'

De kapitein stak zijn vinger uit :' Claes let op , hij lacht niet met verboden wapenbezit , zeker nu er een totaal verbod geld. Ik moet gaan, mijn tram is er .'

Ze nam zijn hoofd vast en kuste hem hartstochtelijk.

' Zo ! Mevrouw pleegt overspel, foei.'

Hij liep naar de trap toe en verdween naar boven.

Even later was het Bravoteam het huis uit zoals ze gekomen waren.

Van op het terras zagen ze het toestel wegvliegen. Patrick was naar de kade aan't kijken waar allen ontwapend werden en in een celwagen verdwenen.

'Daar wil ik morgen nu eens een ganse dag voor Tv zitten luieren ? En nu Kim? Van rovers gaan we niet veel last meer hebben, wat ga jij doen ? Je ex zit heel misschien voor wat jaren in't cachot.'

' Patje geloof dat maar niet , die was daar niet . Maar zoals al vermeld in de annalen van het waterhuis , Anna blijft mijn doel .'

' Whauw , dat was heel wat leuker dan de Simpsons.

Kim kan je me dat ook leren ?' Lou zijn ogen blonken van enthousiasme .

' Louke schat . Je kan alles leren , maar eigenlijk vind ik het werk dat meneer ketchup hier doet heel veel belangrijker dan wat ik doe.

Heb je al gezien hoe die tekenfilms kan maken. Ik kan alleen de mensen bang maken , wordt jij graag bang gemaakt ? Ik niet .'

'Hé snotjoeng! Noem jij mij meneer ketchup? Zal ik mijn vaderlijke hand eens over je billen laten gaan?'

' SSSt Heinz , Inga luistert.'

De adrenaline zakte langzaam weg bij allen. Alleen Kim stond nog onder druk , ze was al plannen aan't maken voor haar volgende zet.

Patrick zette de TV aan , waar iedereen zich rond schaarde.

Alle zenders gaven een extra journaal, waar de actie vol werd uitgesmeerd. Toevallige getuigen werden met hopen gevonden. Achtervolgd door Boe geroep en spottende opmerkingen gingen heel wat ouders met schaamte terug naar huis , hopend dat hun familielid snel thuis zou zijn .

De minister gaf aan ieder die het wou weten een gedetailleerd verslag alsof hij de zaak helemaal alleen had opgelost.

' Die heeft zijn naam echt niet gestolen . Blaaskaak eerste klas. Ben eens benieuwd hoelang het duurt voor de rovers opnieuw de wereld bevolken.'

Kim rekte zich uit en schudde alle verwarringen uit haar hoofd.

' Patje , het maakt niet uit als ze daarna maar de nul aanhouden komt het zeker in orde.'

Een debat volgde het nieuws waar ook telefonisch kon aan deel genomen worden, waardoor later op de avond een score voor uitwijzing de overhand haalde. Extreem deed er een schep bovenop door de uitwijzing van de ganse familie te eisen, die gingen toch maar wraak nemen.

Het volgende moment stonden de lijnen roodgloeiend, waarop gewoon werd afgesloten.

Kim was verrast toen Kolonel Van Deun in de studio verscheen.

De gespreksleider nam hem direct op de korrel.

'Wees welkom Kolonel.

Laat me zeggen dat je ons allen een mooie show hebt gegeven. Bravo voor de veilige en bloedeloze oplossing. Maar hoe wisten jullie dat er zo een escalatie van burengeweld zou gebeuren ? Of was dit zoals al verklaart is, gewoon een oefening die moest bewijzen dat alle eenheden prachtig en nuttig samen werken?

En wat nu met je gevangenen, of acteurs? '

Bert hoorde Kim zachtjes lachen en loerde steels naar haar.

'Arme Antoon, dit wordt heel waarschijnlijk je laatste officiële ondervraging voor TV.'

Rustig maar vastberaden nam Van Deun de micro uit de man zijn handen. Die schrok ervan, maar liet het zonder commentaar toe.

'Show meneer ? Noemen jullie dit een show ? Weet je wat ik show noem? Dat is meneer wanneer ik je zodra live al je tanden uitklop.

Jullie maakten er een eerste klas pretpark attractie van.

De opgepakte waren zwaar bewapend en van plan om die te gebruiken. Alle aanwezige diensten zijn hier in België opgeleid en betaald met belastinggeld. Geld meneer dat door ons niet verkwist wordt zoals jullie hier doen met je leugens en onwaarheden.

De volgende keer kom ik je halen en mag je voorop lopen meneer , je zal dan meer nodig hebben dan een nieuwe das om al je stront in je lijf te houden .

Voorkennis bestaat alleen maar in jouw achterlijk brein , enfin brein!

Het ministerie van binnenlandse veiligheid is geen rustoord meneer. Daar wordt dag en nacht gewaakt, ook over een vent zoals jij.

Zet morgen je pispot op straat meneer, en zij weten dat.

Wij zijn allen dagelijks bezig met zware oefeningen, zodat wanneer het nodig is meneer, wij idioten zoals zij kunnen tegenhouden.

En meneer omdat het zo goed is afgelopen , is dat dankzij het gulle geld van de burgers die ervoor zorgen dat we een behoorlijke uitrusting hebben, en vooral door de ellelange samenwerking van alle diensten.

En wat er nu met de gearresteerden gebeurt ! Daar heb jij geen zak met te maken, dat zal de minister wel regelen.

Heb je nog idiote vragen of mag ik plaatsnemen?'

Antoon wou reageren op alle beledegingen, doch de blik van de kolonel deed hem wijselijk zwijgen.

Al Blaeskaeck zat geamuseerd naar de reporter te kijken, die duidelijk niet meer wist hoe het verder moest.

Van Deun stond op:' Ja als ge niks meer moet vragen dan kan ik naar mijn mensen toe , die hebben een zware dag achter de rug.

Meneer de minister, graag nodig ik je uit om de evaluatie van de voorbije dag mee te bespreken.'

Die ging vlot mee wetend dat de DSU kantine vandaag de beste plaats ter wereld was om na te praten .

'Graag kolonel. Ik wil, en moet je mensen nog mijn felicitaties geven, dat is absoluut noodzakelijk.'

Wat later werden beiden in de kantine op handgeklap onthaald.

' Goed gedaan kolonel . Meneer de minister , een whisky?'

Vreugde

Met meer vreugde dan ze liet uitschijnen had Kim het adres gelezen waar Anna nu zou wonen.

' Dank je wel Jean Pierre , ik sta in het schuld bij je. Eigenlijk bij wie niet ?'

Caroline die de post gehaald had, keek een beetje bedroeft.

'Wat is er mis Caro ? Je kijkt zo sip.'

' Om eerlijk te zijn Kim wou ik het je eerst niet bezorgen. Ik voel en weet dat je daarna gaat verdwijnen zoals je gekomen bent . Ik mis je nu al .'

Kim streelde de hand van Caroline :' Kan jij de toekomst voorspellen? Voorspel dan eens hoe het gaat eindigen? Wees niet bezorgd meisje , Kim komt altijd op haar pootjes terecht.'
Ze ging naar haar kamer , de tranen kwamen met stromen .

' Oké Claes , je bent vuurwapen arm. Toch wacht ik geen dag meer. Dat kan ik niet aan.'
Door het wenen heen sprak ze zoals altijd met zichzelf .

'Oké het zal van dichtbij zijn, helaas spijtig dat Anna dat moet zien .'
Uit de keuken nam ze een wetstaal om terug op de kamer haar messen vlijmscherp te maken. Een blad papier diende als maatstaaf.
Met een lichte druk sneed het blad als vanzelf in twee.
De kleedkast was haar tweede bezorgdheid, ze zocht naar kledij die nauw aan zou spannen .

' Niks ! Een maatje kleiner dan. Even zoeken in de voorraad.'
In de kleerkast beneden waren meer dan voldoende kledijmaten aanwezig. Ze koos een zwarte nylon broek met een T-shit met lange mouwen, een stel zwarte kousen en een bivakmuts volmaakten haar buit.
Ze kleedde zich helemaal uit om de nieuwe kledij aan te passen.
Ze zag een afgetraind vrouwenlichaam in de spiegel.

' Kim ! De eerste vent die jou zo tegenkomt, die moet wat uitleggen over de plakken in zijn broek bij zijn vrouw. Trouwens meid , mooie kamelen teen.'
Kim probeerde hoe de kledij haar bewegingen kon beletten.
Tevreden deed ze de provocerende kledij terug uit vooraleer

naar de keuken te gaan.

' Wat eten we vandaag ? Wat ik klaar maak precies.'

' Zeg mevrouwtje ! ' Bert stond te glunderen:' Is het soms mogelijk dat je de datum vergeten bent? Zou er een kleine kans bestaan dat jij vandaag verjaart ?'

Geschrokken bezag ze de tijdsaanduiding op het TV scherm.

'Pot vol koffie ! En ik heb niks klaargemaakt voor jullie .Ik schaam me.'

' Kom op zotte doos , wij wel. Gefeliciteerd.'

Kleine geschenkjes werden haar aangereikt, die ervoor zorgden dat de tranen opnieuw tevoorschijn kwamen.

Onder de indruk van alle warme felicitaties, vergat ze even haar plannen : ' Oké Kim , morgen kan ook.'

De volgende morgen bracht haar geen redding . Ze vloekte zo hard dat Myrthe naar haar slaapkamer kwam.

' Kim kan ik je helpen?'   ' Ja kom maar binnen.'

Myrthe bleef vooraan de kamer staan, kijkend naar Kim die de zwarte kledij opnieuw aanhad.

' Moest ik niet weten dat je gekleed was , zou ik vragen. Heb jij je lichaam zwart gemaakt? Ga jij zo naar buiten , ik zie zelfs dat je geen schaamhaar hebt. Wat smal, zelfs voor jou.'

' Neen hoor perfect. Ik heb alleen problemen om mijn messen weg te steken , ik heb al van alles geprobeerd maar niks lukt zonder me zelf in twee te snijden.'

'Eigenlijk is het met tegenzin dat ik je raad geef, maar ik wil je gezond zien weerkeren. Maak een schouderholster zoals ze in de films dragen met revolvers en zo .'

' Dat is een prachtig idee , kan je me helpen zo iets te naaien.

Niks ingewikkeld, het moet toch maar één keer dienen.'

Myrthe ging een naaidoos halen om haar vraag in te willigen .

' Vertel het eens , wat wil je hebben.'

'Iets in één stuk. Plaats voor zes werpmessen links en zes rechts op mijn heup. Onder beide armen een vlindermes. Kan je ook dit T-shirt vooraan een V–hals geven , het scheermes moet tussen mijn borsten komen . Daar moet je niets voor maken, ik kleef het wel vast. Dat is al'

'Dat is al ! Amaai heb ik geluk dat het niet ingewikkeld is . Moet het ook in een bepaalde kleur. Kom hier dat ik je opmeet.'

Terwijl Myrthe begon te meten moest ze lachen om de plots verschijnende stijve tepels van Kim.

'Sorry Myrthe, maar het is al zolang geleden dat een vreemde hand me heeft aangeraakt . Wees niet bang ik ben een echte hetero.

Zeg meid wanneer ga jij een partner zoeken, zo helemaal alleen hier tussen die koppels kan toch niet leuk zijn .'

' Dat ben ik niet . Patje is mijn partner , hij wil het nog even voor ons houden, een beetje uit angst voor Bert zijn reactie. Zot hé.

Ik probeer hem daarvan af te brengen, helaas denkt hij dat zijn handicap hem geen kans op een goed bestaan kan geven. Hij vergeet alleen wat hij hier verwezenlijkt heeft.'

' Succes Myrthe , ik gun het je van harte. En wanneer kan ik jouw kunstwerk aandoen ?'

' Kim de houders moeten stevig zijn, anders ben je al dood-gebloed voor je de trap af bent. Even geduld nog , snel oké.'

' Je hebt gelijk. Haast en spoed komt nooit goed. Ik kleed me deftig en kom wat helpen in het huis.'

Met enkelen zaten ze aan tafel peul erwten te ledigen , ze zette zich erbij en begon de erwten uit de schil te halen.

Vrolijk getater vulde de ruimte, wat het werk aanzienlijk makkelijker maakte.

Ze hoorde een krakend geluid de trap opkomen. Bert verscheen in een winterpak dat wit zag van de kou. Boven deed hij het uit waardoor er even later een plasje water op de grond kwam te liggen.

Hij maakte zich een tas koffie en blies er een wolkje gestoomde melk in.

' Oh zalig . Zeg mensen die snel vriezer werkt perfect . Een klein kwart uur en de pakken zijn bevroren , alleen het is daar een beetje koud. Gelukkig zijn we met twee . Hoeveel nog Patje?'

' Niet veel, we gaan ook steriliseren, je weet nooit met de elektriciteit. Dan een kleine vijftig kilo wortelen.'

Bert kleedde zich terug aan . ' Zo Rik even aflossen .- 60° C is fris.'

Kim keek hem aan: 'Zeg Bert ! Heb je al een nieuw kostuum voor Myrthe haar huwelijk , je kan er één bij haar bestellen dat deed ik zojuist ook.'

Hij bleef loerend naar haar staren.

' Wat ben je nu weer aan 't raaskallen ? Sinds wanneer heeft mijn zus een lief ? '

Patje maakte zich vlug uit de weg met een nieuwe bak pakjes erwten.

' Hoezo weet je niet dat ze smoor is op Patje, vanaf vandaag kunnen ze samen in één bed slapen. Hé dat is een laken minder te wassen.'

Door het pak liep het zweet van zijn rug, toch bleef hij op Patrick wachten.

' Wat is dat hier allemaal Patje , zit jij aan mijn zus ? Foei gast zoiets had ik van jou nooit verwacht'

Bert begon hartelijk te lachen .

' Toch weet je niet wat je doet vent. Mijn zus staat op denkend aan seks, bij iedere hap dat ze neemt denkt ze aan seks, als ze in bed kruipt ook en 's nachts ligt ze te dromen van seks . Je zal nogal Viagra moeten slikken.

Bestel maar al 10 kg.'

Brullend van het lachen daalde hij de trap af om Rik op de hoogte te stellen .

' Patje smeer je wielen maar al in ' riep Rik: ' je zal ze nodig hebben om te gaan lopen.'

Heel de traphal daverde van hun gegier.

Myrthe die alles gehoord had kwam met een werp mes in haar hand voor Kim staan . Die deed alsof ze het niet zag.

'Gij zijt me toch ook wat , kom hier dat ik je zoen. Nu kan hij zich niet meer achter zijn handicap verstoppen.'

' Patje het werd tijd man, dacht je nu echt dat we zo iets niet opmerkten' Caroline liep op hem toe en kuste hem :' Welkom in de familie.'

Proberend om het vrouwelijk gegniffel niet te horen, reed hij verlegen nog een bak naar de liftkoker

De dag werd vrolijk voortgezet , waarbij Patrick het hoofddoel van alle spot was.

Nu en dan moest Kim even het gareel komen passen .

Tevreden bekeek ze het kunststuk van Myrthe.

' Tof Myrthe dat is precies wat het moet zijn. Dank je, dat zal meer kansen op succes geven.'

'Ik heb je T-shirt volledig opengemaakt en er klittenband ingenaaid. Het in één ruk helemaal open. Hier een halsketting met een clips eraan waar je scheermes in kan.'

Verwonderd nam kim het snoer vast:' Myrthe gij moet voor het leger gaan werken, rijkdom gegarandeerd .'

' Niks voor mij , teveel knopen om open te doen.'

' Seks zal nu wel zonder verstoppen kunnen.'

' Kim meisje je zou verschieten hoe vaak je hier zonder andere in de buurt een potje kan rommelen. Ik spreek van ervaring.'

'Hahaha . Dan heeft Bert toch gelijk hahaha.'

Tijdens de vrije uren was Kim steeds in de gym te vinden , daar probeerde ze alle mogelijke scenario' s uit die ze kon bedenken om haar messen vlot te gebruiken. De tijd leek te kruipen tot de volgende duistere nacht.

Heinz met Patrick hielpen haar om de buurt van de villa in beeld te brengen via Google Earth . Ondanks de beplantingen rond de villa's en het bos achter de wijk, kreeg ze dankzij hen toch een redelijk overzicht . Het straatzicht was gesluierd wat ze eigenlijk niet erg vond, ze moest daar toch niet zijn.

Op aanraden van de meisjes had ze zich toch van boven kledij voorzien , dan kon ze al eens rondneuzen zei Monica.

Hoop

Met een vlotte pas liep Kim richting de villawijk. Gekleed met een gele parka, een witte muts met lange sjaal alles ondersteund met blinkende sportschoenen , wandelde ze fluitend naar haar doel . Met een stratennamenlijst kon ze gemakkelijk de gemeente doorkruisen zonder verloren te lopen.

 ' Rustig meisje het is nog niet donker , verken eerst de buurt.'
Door de lange straat met aan weerskanten bomen wist ze dat de villa nabij was. Ze las de naam van de straat
< Klaverbladdreef >. Alsof ze wat zocht nam Kim de eerste zijstraat. Aan de woning stond een man met een lange jas aan, te roken . Ze liep er zonder aarzelen op toe.

 ' Dag meneer, weet je soms waar ik de bus naar Antwerpen kan nemen ? Ik ben een beetje aan 't verloren lopen.'
Terwijl de man haar de halte aanduidde was hij ontleed door haar.

 ' Links handig . 1m 75 . Ongeveer 45 jaar en wordt niet ouder, dat weet ik nu al.'

 ' Dank je wel meneer , tot ziens.'

 ' Mark je mannen worden lui. Ze zitten op wacht en roken in plaats van uit te kijken naar knappe grieten .'
Een nieuwe gedachte kwam op , waardoor ze besefte dat de zeeman het hier veilig vond.

 ' Prima vent , ik kom je straks kussen.'
Fluitend liep ze verder naar waar de bushalte moest zijn .

 ' Oh een supermarkt , goed doel om de tijd uit te zitten.'

Keurend langs alle rekken lopend kocht ze wat droge wafels met twee flesjes bronwater.

Een bank nodige haar buiten uit om te smullen terwijl de nacht naderde.

' Claes , we zullen eens gaan ontdekken hoe goed je nog bent. Met nadruk op nog bent.'

De dreef werd haar bestemming waar ze alle felle kledij uittrok.

Een donker silhouet was alles wat er overbleef van al dat bling bling een uur geleden.

' De gracht , kom poes waar ben je ? Ah hier.'

Ze wist dat de uitgedroogde kleine beek haar achter alle huizen zou brengen. Langzaam volgde ze de kronkelende beek tot waar een tuinfeest de ganse omgeving verlichtte.

Kreetjes van kinderen en gelach van volwassen vulden de tuin.

'Ook van mij een gelukkig 8ste verjaardag meisje , dank je voor het lawaai.'

Na telling wist ze dat haar doel slechts een villa verder lag .

' Wel straf Kim, ze willen allen op de buiten wonen, met een prachtig zicht op de omgeving, maar planten alles vol zodat meneer de buurman niet weet hoe je eruit ziet. Goed voor ikke.'

Een brandende houtkorf verlichte de tuin van Mark. Twee mannen zaten onderuit geschoven op een ligzetel met een fles bier in de hand. Ze praten zacht zodat Kim hen niet verstond.

'Oké, hier zijn nummer twee en drie. De vierde slaapt waarschijnlijk. Aanvalsplan ! Begint nu.'

Kim liep zo dicht mogelijk tussen alle struiken en bomen terug tot de voorgevel waar een andere bewaker aanwezig was.

' Ook goed. Slaap wel.'

De man zag wel de schaduw verschijnen, de beide messen die hem het leven ontnomen niet.

Ze liep snel naar haar slachtoffer om zijn wapen te nemen, het veelvuldig bloed dat de man verloor liep over de Riotgun.

' Afblijven meid. Die heeft waarschijnlijk heel wat vieze ziekten in zijn lijf zitten.'

'Louis , ik kreeg een fles Jenever van de baas. Kom man, tas omhoog.'

De tweede bewaker stapte argeloos buiten.

Het mes dat zijn schedel langs achter binnendrong voelde het slachtoffer niet echt.

Kim liep al naar de beek toe voor de man de grond raakte.

Een getatoeëerde hand sloot de deur, de beide doden achterlatend in hun bloed.

' Afblijven soldaat , raak geen van je slachtoffers aan. De meesten zitten vol met wormen en slecht bloed.'

De zinnen van haar drilsergeant dreunden door haar hoofd.

' Verdomme klootzak , jij hebt goed spreken met een gans arsenaal achter je dikke kont.'

Door de beek kwam ze snel aan de achterkant van de villa. Even schrok ze bij het afsteken van tuinvuurwerk.

' Uitstekend mensen nog wat .'

Ze gleed als een slang onder de eenvoudige draadafsluiting de tuin in. Plat tegen de grond gedrukt overzag ze de aanplantingen , wat ze bemerkte was een vlakke tuin met alleen aan de zijkant struiken.

' Oké moeilijk gaat ook.'

Door de ramen van de veranda zag ze haar ex man in een salon zetel zitten, een bijna lege drankfles stond op het tafeltje voor hem.

Anna was nergens te bekennen , wat haar tevreden stemde.

Heel blij met het feestgedruis probeerde ze zo stil mogelijk nog wat dichterbij te kruipen, tot halfweg de tuin achter de laatste hoge struik lukte het haar..

Geconcentreerd op de bewakers stond Kim heel langzaam recht .

Even keek ze nog naar binnen, om dan alle zorgen van zich af te werpen. Als een poema stormde ze het grasveld op.

Voor de eerste kon reageren sprong ze over de ligzetel, en stak onderwijl een mes door zijn hoofdkruin. Met een zachte krak begaf de schedel het.

De tweede die toch wat verder zat kon nog roepen voor ook hij zijn maat achterna ging.

Zonder stoppen sprintte Kim de living in waar Mark vanuit de zetel een schot op haar loste. De kogel sloeg door haar schouder waardoor ze even het evenwicht verloor en stopte met lopen.

' Shit !'

'Zo bitch kom je me bezoeken, dat vind ik nu sympathiek .
Doe die bretellen maar af , je hebt ze niet meer nodig.
Helaas kan ik je geen bed aanbieden.'

Hij stond recht en richtte zijn wapen op haar:

' Afdoen zei ik , je denkt toch niet dat je betrouw met al die rommel aan je lijf.'

Moeizaam ontdeed Kim zich van haar wapenpak dat gewoon op de grond viel.

' Dank je schatje, en vaarwel.'

' Papa neen ! Niet doen, het is mijn mama.'

' Anna ga naar je kamer . Dit wijf is een moordenares die moet vernietigd worden.'

' Pa ! Ik schiet je ook neer als je ma wat aandoet. Ik wil bij haar gaan wonen, ik ben jouw manier van leven meer dan zat.'

Kim hoorde de woorden wel , maar het bloedverlies begon haar parten te spelen.

Mark zag het en deed een stap naar haar toe , sloeg zijn arm rond haar hals om zo achter Kim te gaan staan.

André stond in het deurgat met de P90 in aanslag, hij knikte naar Mark en liet het wapen zakken.

Anna ging voor Kim staan:' Ma ik red je hieruit.'

Ze richtte op het hoofd van haar vader, die met één slag het wapen uit haar handen sloeg.

Die enkele seconden waren genoeg voor Kim.

Ze trok haar T-shirt open, het scheermes sprong bijna zonder moeite in haar hand. Met een slag drong het superstaal moeiteloos door het polsgewricht, alle pezen en aders doorsnijdend.

Met een kreet viel het wapen uit zijn nutteloze hand, bloed golfde onophoudelijk uit de half verwijderde pols.

Kim dacht plots aan André , die zijn handen voor zich hield.

' Ik ga nu Ho-Yan vertellen dat je schuld is afbetaald. Het gaat je goed mevrouw Claes.'

'Weg André , maak je uit de voeten. Ik hoor al sirenes.'

' Anna een handdoek en verband , snel.'

Ze zakte neer op de salontafel. Mark zat op zijn knieën voor haar. Voor de bewusteloosheid kwam taste hij met zijn goede hand naar het pistool om het met moeite op haar te richten.

' Ik neem je mee Bitch.'

Drie schoten knalden, de kogels wierpen Mark opzij.

Zijn dood lichaam belandde in de gemengde plas bloed.

' Zo , drie in een driehoek , dat heb je me zelf geleerd beest.'

Anna wierp de revolver op de grond, en verdween naar de keuken om verband te halen.

Een zware dreun vertelde Kim dat de hulptroepen er waren.

Met de wapens in aanslag kwamen agenten binnen. De jongste geraakte niet verder dan een stap in de living waar hij zijn maag leegmaakte.

' Daar zal de poetsvrouw je dankbaar voor zijn' Kim keek de jongeling aan

'Handen omhoog ' riep de andere .

' Hé Clown zie je niet dat ik gewond ben, bel een ambulance.'

Anna trok de T-shirt verder open waardoor de borsten van Kim vrijkwamen.

' Hé zou je verdomme niet bellen , je kan mijn borsten straks komen bekijken, auw.'

' Sorry ma , je hebt twee gaten. Hoe stop ik die ?'

' Dat is prima , de kogel zit er niet meer in. Volproppen met wat je hebt, de rest doen ze zo wel.'

Nog een ploeg agenten kwam de woning in, de hoogste in rang keek rond en wees naar Kim.

'Dat zal je ons eens moeten uitleggen. Wat is hier gebeurt.'

' Joenge dat moet je allemaal niet weten , hier een nummer bel dat even. Zeg tegen de ontvanger twee vermisten. Nu aub , of je leeft morgen van de bijstand.'

Verplegers kwamen met een draagberrie de woning in. Na een snel onderzoek begon de vrouw met de verzorging.

De ambulance reed hen daarna naar het UZA waar een verder onderzoek bevestigde dat het een open wonde was.

Een uur later werden beiden per helikopter naar de DSU kazerne gebracht waar de kolonel al zat te wachten.

Hij keek Anna aan die zich wat ongemakkelijk voelde tussen alle aanwezige agenten.

' Dus jij bent Anna ! Het meisje dat heel België op zijn kop zette.

Ze zouden je een medaille moeten opspelden voor het verwijderen van uitschot. Verzorg je moeder goed, zeg haar dat haar ziekte verlof is verlengt met een jaar. Ze zal hier zodra zijn, ze kan beschikken. Laat haar wel een rapport uitschrijven.'

Bert stond buiten te kijken naar de meeuwen die schreeuwend vochten voor wat groenafval.

' Zeg Patje , weet je al wat meer over Kim, zou ze het gehaald hebben ? Verdorie zeg waarom staat er al drie maand niks in de krant, en de Tv zwijgt ook in alle kleuren en geuren.'

' Bert man, als ik moet gokken dan zal de kolonel er meer van weten . Maar zoals afgesproken vragen we hen niets, ze gaan toch maar liegen.'

' Zo is dat schoonbroer. Ik vroeg het maar omdat er aan de kade twee figuren staan te wuiven alsof we die kennen.'

Patrick nam de verrekijker en vloekte Bert uit.

' Onnozelaar dat is Kim met een meisje , Anna denk ik. Kon je dat niet zeggen.'

'Jawel maar ik wou je ogen eens testen.'

Hij stak zijn hand in de lucht , om dan naar beneden te gaan waar de sloep snel klaar was om uit te varen.

Patrick reed naar binnen waar hij zijn vreugde niet kon bedwingen.

' Kim ! Kim is hier.'

Even moest het bericht doordringen , dan begon de stormloop naar het terras.

Kim hield haar dochter tegen zich aan.

'Wedden om een honing lolly Anna, dat binnen tien seconden het terras vol staat met gapers.'

Bert kwam zo snel als kon aangevaren. Terwijl achter hem een bende joelende mensen op het terras verscheen.

' Voilà de bewoners van het waterhuis , steeds enthousiast en vrolijk.'

Met een lach tot achter zijn oren remde Bert af.

' Amaai snot joeng dat heeft wat geduurd , komaan voor ze ginds het kot afbreken.'

' Noemt die meneer je snot joeng ? Dat is ook lang geleden dat ik dat gehoord heb.'

Julius Caesar had geen beter intrede gekregen in Rome dan

beiden in de flat.

Verlegen en stil stond Anna naar al de vrolijke mensen te kijken.

Patrick stopte naast haar:' Welkom Anna , ik heet Patje. Wacht nog even, ze hebben nog niet door dat jij hier ook bent.'

De kussen en omhelzingen deden tranen verschijnen.

'Dank je allemaal. Ik ben overdonderd door jullie onthaal' even moest ze de namen ophalen:' Myrthe ! Dank je hartelijk met je naaikunst , het redde mijn ma haar leven.'

' Dat is niet belangrijk Anna , mijn zus haar naaikunst redde ook Patje van de eenzaamheid' Bert stond te glunderen van zijn woordspeling, een vaatdoek belande tegen zijn kaak.

' Hier, ga jij maar al afdrogen ' Caroline wees naar de keuken.

Algemeen gelach stelde Anna gerust :' Juist , ma zei het al. Alle dagen gekheid.'

De rest van de dag werd besteed aan bijpraten , met natuurlijk de meeste vragen voor Kim en haar dochter .

' Goed mensen we zullen zonder dat jullie flauw vallen, het voornaamste vertellen.'

Kim vertelde haar aanval zonder in details te treden, het wapenfeit van Anna liet ze wijselijk weg.

'En jij Anna , weet je al hoe je uw leven gaat invullen?

'Heel duidelijk mensen , heel duidelijk. Alhoewel mijn ma over hier verteld heeft , ga ik later toch de wijde wereld in. Ik ben vanaf onze aankomst hier nooit vrij geweest. Geen vrienden, niet buiten spelen, alles onder controle van bewakers. De enig die ik alle dagen zag was mijn lerares .

Daarom heb ik dan ook een vraag aan jullie. Ik moet nog iets meer dan een jaar wachten voor ze mij op de militaire academie toelaten.'

Ze zag dat de meeste schrokken van haar keuze.

' Ik mocht tijdens ons verblijf bij de DSU met de kadetten mee trainen, en vond het leuk. Daarom mijn keuze , misschien ben ik later jullie nieuwe geheime engelbewaarster.'

'Maar mijn vraag is eigenlijk een kreet om hulp. Ik wil mijn school achterstand inhalen, als het kan wil ik van jullie allemaal je oude job leren kennen in zoveel mogelijke details. Zoals van meneer Ketchup zijn kennis van de Pc en zijn moedertaal . Hoe meer jullie me op die tijd kunnen bijbrengen hoe beter. Andere talen zijn ook wenselijk.'

Kim was gelukkig toen allen Anna wilden bijstaan. Toch stoorde er iets haar in het huis.

' Zeg Laura ! Waar is die ?'

' Oh , die is een tijd geleden nadat we wisten van de dood van de zeeman terug aan wal gegaan. Wel met de vraag of zij nog binnen mocht komen.'

'Wel Patje , ik denk dat wanneer het rustiger wordt in de wereld met de tijd je ark zal leeglopen. Zo zijn de mensen, wij zijn geen honkvaste wezens . De wijde wereld zal altijd roepen.'

Vijf jaar later
--------------------.

Ondanks de onwerkelijke wereld die nu werkelijk geworden was, begonnen de mensen zich van het noodlot te herstellen.

Overal had de regering beseft dat er dringend broedkasten moesten komen waar voldoende gekweekt kon worden voor de wintermaanden. In België werd Patje gecontacteerd om hun ervaring overal te delen, wat een aardig centje opbracht.

Het ministerie van landbouw had overal de leegstaande loodsen en werkruimten laten verbouwen tot kweekcentra.

De nul tolerantie had sinds vijf jaar de misdaad zwaar bestraft.

Zonder pardon waren mensen met buitenlandse Roots naar hun oorspronkelijk land verwijderd ; waar ze graag ontvangen werden als arbeiders zonder loon.

In België kregen de terugkomers geen pardon, ze verdwenen naar de cel. Naar het voorbeeld van de USA werden allen ingeschakeld in wegen en dijk herstellingen.

' Verdorie toch hoe kan het toch verlopen.'

Myrthe streelde de buik van Patrick :' Wat bedoel je schat , dat je blij bent met mijn seksuele driften?'

' Neen liefje , maar ik moest plots aan vroeger denken.

We vonden een verloren kat die onze wereld op zijn kop zetten en ons ook redde van de ondergang , nu is die als een zwerfkat opnieuw verdwenen. Waarschijnlijk voor goed.'

'Holly Mozes , denk jij nu aan Kim terwijl wij hier in onze blote liggen te vrijen?'

'Sorry meisje het kwam plotseling op.'

' Dat is nu een goed paswoord.' Myrthe zette zich schrijlings over zijn heupen:' we zullen eens testen hoelang klein Patje braaf is.'

' Oké schat we praten zo voort.'

Met een glas sherry en een Cava zaten ze tevreden over hun vrije namiddag aangekleed te wachten tot de anderen terugkwamen .

'Myrthe wat denk je ? Met hoeveel kinderen gaan Caro en Bert thuiskomen? Ik gok op één.'

'Twee. Mijn schoonzus kan overtuigend overkomen. Trouwens Bert wil een zoon en zij een dochter. Dus één plus één is twee.'

' Perfect, terug beweging in huis.'

' Suikerstokje, eigenlijk is het hier wel goed afgelopen voor de ex bewoners. Kris en Miel hebben in 't dorp een leuke brasserie opgericht . Succesvol door ons vers groen en Miel zijn vleeskunde. En voor hun kinderen is het ook beter, geen op en af varen naar school en vriendjes ontmoeten '

'Ja, dat noem ik zaken doen. Gelukkig verzorgt Miel ons ook nog.'

' Assam en Melissa hebben de winkel van Heinz verbouwt tot groentewinkel, rara waar de verse spruiten vandaan komen.'

' Zeg! Ondanks hun verschillende god lukt dat perfect. En hun dochter Annabelle is een knap kind. Dat waren in mijn ogen de enige twijfelaars over hun toekomst. Toch knap dat zoiets lukt.'

'Patje, dat is hier ondanks alle verschillen toch de toekomst.

Misschien ontstaat er wel een nieuwe religie die iedereen omvat ? Wie zal het zeggen.'

Ze hoorden gestommel op de trap.

' Daar, onze nieuwe zegeningen komen eraan.'

Ze bemerkten dat Bert een meer dan vrolijk gezicht opstaan had.

' Dag schatjes van patatjes mag ik mijn nieuwe vrouw Caro en haar beide snot joeng voorstellen. Fien en André.'

Myrthe wist niet echt wat ze vernam. ' Meen je dat nu?'

' Ja hoor , die namen waren al gekozen voor we ze verkregen. Fien was kort onder ons en meer dan leuk gezelschap, en André bleek toch een andere duivel te zijn dan werd aangenomen. Dus Fientje en Andréke.'

Ondanks ze even gestruikeld was over de namen had ze snel één van beide vast.

' Dat wil nu eens lukken. Myrthe en ik waren zojuist over de moeilijke tijd bezig. Eigenlijk begreep niemand dat Laura met de spinnenkop een relatie aanging. Zo'n mooie meid met een spin man.'

'Maar in Thailand kijk niemand hoe je eruit ziet Patje. Ik persoonlijk denk dat hij voor die Gele Aap uit Antwerpen daar een aankoopcentrum leidt. Hopelijk zijn ze heel gelukkig.'

'We waren bijna rond met iedereen uit te maken . Er bleef ons slechts de ketchup en Rik en Monica. Heinz, die komt terug , geloof me.

Ik hoor het hem nog zeggen. Patje ik wil mijn thuisland bezoeken, eens kijken wie van mijn stam nog ademt en bomen kijken vriend. Miljoenen groene bomen waar Antigoon nog in rondzwierf.'

' Mafkees , Antigoon is een Antwerpse legende.'

'Aber dat weten ze niet. Ich kom terug als mijn adem zolang blijf blazen.'

Een klein beetje gestoord door de geluiden die zijn beide aangenomen kinderen voorbrachten., moest Bert even nadenken.

'Ja en de Rik komt hier nog alle weekends zijn kas vol slaan. Vreetzak.'

Patrick kon zijn lach niet onderdrukken:' Bert maat, gelukkig komen hij en Monica ons alle jaren helpen beplanten. Toch zijn zij de enige die gewoon hun leven hervat hebben. Hij rommelt maar wat aan met klussen en zij is opnieuw verpleegster. Beide zijn welkom voor eeuwig.'

' Weet je wat Patje ? We zijn nu met vier, ooit starten we hier me zes. En toch wil ik het zogenaamd waterhuis niet verlaten. Ik denk niet dat er veel mensen zo veel houden van hun knus alternatief zoals wij. Laat onze kinderen in vrede opgroeien . Leve Kim die ondanks haar eigen planning , de wereld vreedzaam maakte.'

Myrthe knikte na zijn woorden: 'En zeggen dat ik haar hier eigenlijk niet wou, ze leek een gevaarlijk vat vol met dingen die ik niet begreep . Sorry meid het gaat je goed waar ook je bent.'

'Dag Anna , hoever sta je? Waren je resultaten voldoende.'

' Ma! Maak je geen zorgen , de jongens kunnen me niet volgen. Hier in de USA weten ze niets wat niet voorgekauwd wordt.

Ze kunnen zelfs niet deftig eten , toch niet met mes en vork.

Gisteren een top score, slechts één misser op vijftig.'

' Anna ik hou van je.'

' Ik ook van jou ma. Bedankt dat je me niet tegenhield. Spijtig dat ze hier in de USA geen bal van de wereld verstaan, het zijn nog altijd cowboys met een witte hoed die hun eigen kloten aftrekken. Gelukkig is Arno hier ook ma ! Puur Italiaans.'

'Anna ik moet afsluiten , de satelliet verdwijnt. Tot later schat.

Kill all wie ook op je tenen trapt. No mercy.'

Kim kroop onder haar zelfgemaakte zandcamouflage, en keek naar de Arabische sterren hemel.

-

www.ingramcontent.com/pod-product-compliance
Lightning Source LLC
Chambersburg PA
CBHW071302220526
45468CB00001B/244